Die Verfasserin dankt Frl. Kathy Martin, *TIMES Editorial Offices*, New York, für ihre wertvolle Mitwirkung in der Suche nach belegte Erkundigungen über die Sklaverei, im allgemeinen, und die neuen Numengebungen allen Sklaven, im einzelnen.
Sie weiß auch Dank dem P. Giovanni Vantini für seine *Osservazioni sulla Biografia di Bakhita* [Bemerkungen über die Bakhita-Biographie] (1. Ausg.).

Buchdecke:

*Schönschreiber*
MAGID MA TAR

Übersetzung aus dem Italienischen:
Patrizia Masci

Fotos:
A. Carlesso, A. Mari, Brunez-Trient,
J. Wang, Kanossianisches Archiv, Rom

Originaltitel: BAKHITA racconta la sua storia

Ausdruck Juli 1997
Città Nuova
Largo Cristina di Svezia, 17
00165 Roma

ISBN 88-900178-3-X

Maria Luisa Dagnino
*Kanossianische Missionarin*

# BAKHITA
## ERZÄHLT IHRE GESCHICHTE

Casa Generalizia Canossiane Figlie della Carità
Via Stazione Ottavia, 70 - 00135 ROMA - ITALIA
Tel. (06)30.82.80 - Fax (06)30.81.19.67

"Der Herr, dein Gott,
hat dich auf dem ganzen Weg,
den ihr gewandert seid,
getragen, wie ein Vater
seinen Sohn tragt".

(vgl. *Dtn* 1, 31)

Bei der Begrüßung in Khartoum überragte ein großes Bild der 1992 Seliggesprochenen Ordensschwester Josephine Bakhita die wartenden Menschen.

# VORWORT

In dem Gebet, mit dem um Gnaden durch Fürsprache von Schw. Bakhita gebeten wurde, auch angesichts ihrer Seligsprechung, dankten wir der «Allerheiligsten Dreieinigkeit, Vater, Sohn und Heiliger Geist, für die Gaben der Demut und der Barmherzigkeit», die unserer afrikanischen Schwester gewährt worden waren. Papst Johannes Paul II. erhob sie am 17. Mai 1992 auf die Ehre des Altars mit einer unvergeßlichen Zeremonie auf dem St. Petersplatz, die, auch für die davon angeschlossene Seligsprechung von Mgr. Escrivá de Balaguer (Gründer des Opus Dei), eine außergewöhnliche Gegenwart von Gläubigen aus aller Welt hatte.

Nun, das neue liturgische Gebet fängt mit diesen Worten an: «Gott, Vater von Barmherzigkeit, du hast uns die selige Josephine Bakhita als Weltschwester, als evangelisches Vorbild von einfachem Glauben und tatkräftiger Barmherzigkeit gegeben...».

Diese kanossianische Schwester, im Sudan geboren, und in Italien durch die geheimnisvollen Wege der göttlichen Vorsehung angekommen, antwortet mit diesem kleinen Buch all denjenigen, die sie auf tiefgehendere Weise kennenlernen wollen. Eine Biographie, die im Mittelstück zur Autobiographie wird, denn sie spiegelt das Manuskript, welches sie selbst 1910 bearbeitete, um ihrer Oberin Gehorsam zu leisten.

Es dauert an, besser noch, es steigert immer noch das Interesse für Schwester "Moretta", wie sie viele Leute, die ihr nahekamen und den Zauber ihrer Güte fühlten, herzlich in der Region Veneto nannten. Es gibt schon etwa dreißig Veröffentlichungen über sie, in verschiedenen Sprachen und in zahlreichen Übersetzungen, besonders in den afrikanischen Sprachen, worin ihr eigentlicher Lebensinhalt besteht; diese Texte sind im Archiv des Wohnsitzes der Mutter General der Kanossianischen Schwestern in Rom aufbewahrt.

Neue Biographien kommen jetzt hinzu: auf hindi, deutsch, ukrainisch, polnisch und russisch; sie stützen sich auf den von Schw. M.L. Dagnino vorbereiteten, guten italienischen Text. Es ist gerade aus diesem Grund, daß Gläubige, die sie kennenlernen, immer mehr werden, und sich an die Fürsprache der seligen Sudanerin wenden werden.

Und hier muß ein einzigartiges Ereignis. Am 10. Februar 1993 machte Papst Johannes Paul II. in Khartoum halt, um zusammen mit einer Million Sudanern und deren Bischöfen eine festliche Eucharistische Mitzelebration abzuhalten und um zusammen fröhlich auszurufen: «Bakhita, willkommen nach Hause!».

Wenn man darauf gut achtgibt, erkennt man menschliche und christliche Eigenschaften im Leben Josephine Bakhitas, die allen ein Vorbild sind und die heute wichtige Interessensgründe haben.

In einer Zeit, in der man das Augenmerk sehr auf *ausgenutzte Kinder* richtet, kann die kleine beraubte und mehrmals als Sklavin verkaufte Bakhita ihre schmerzliche Geschichte in Wahrheit und gleichzeitig mit Gemütsruhe erzählen.

Gerade wenn die U.N.O. Weltkonferenz von Peking das Interesse für die *Frauenwerte* wiederbelebt, zeigt diese Afrikanerin, fast ohne Schulausbildung, eine anziehende Persönlichtkeit, reich an Weisheit und Gleichgewicht.

Während man die Länder *auf dem Wege der Entwicklung* - das heißt arm - auf der Weltebene hervorhebt, ist hier eine Sudanerin, reich an Einsicht und Seelenstärke, die mehr mit Tatkraft als mit Worten imstande ist, zu lernen und zu lehren.

Den zahlreichen *Getauften*, die oft vergessen, daß sie Gottessöhne sind, zeigt Josephine Bakhita ihre unendliche Freude, die Sakramente der christlichen Initiation zu erhalten.

In einer Zeit, in der sich die *christliche Berufungen* in Europa in einer Krise befinden, zeigt sie uns, wie sie «die wertvolle Perle» der besonderen Gottesweihe entdeckt, und wie man ihr bis zum Tode treu bleiben kann.

Während sich das Verhältnis der *Nichtchristen* und der Christen auf unserem Planeten steigert, läßt uns Bakhita ihre Gemütsverfaßung ahnen, die «die besten Dinge» noch vor der Taufe empfängt, und die geheimnisvollen Wirkungen des Geistes, der alle retten will.

Sie zeigt jedem von uns ein *Heiligkeitsvorbild*, das sie im täglichen Leben nachlebt, wenn sie folgsam Gott befolgt und seinen Willen wohl tut.

Selige Josephine Bakhita, so viel von der Jungfrau beschützt, bete Gott für uns!

MARIA DONADEO
*Uspenskijkloster von Rom*

# ERSTER TEIL

Der Mensch: Verbindungsstelle zwischen den Mächten des Universums und dem Höchsten Wesen - (Dakar, Paneel beim Eingang des *Art Festival* Gebäudes, 1966).

# Die Gefahr

Die Dünen aus Sanderde, die sich am Fuße des Berges Agilerei erstrecken, überziehen sich nach dem großen Regen überziehen sich mit einem grünen Mantel, der sich bis zu den riesigen Bäumen des Waldes ausbreitet.

Zwei jungen Mädchen verleihen der Szene: sie springen, tuscheln miteinander, wie wahre Freundinnen, und es scheint, daß sie wie Vögel zwitschern. Mit den Augen auf der Wiese beugen sie sich und pflücken kleine Büschel von *Gir-gir* Gras, die sie mit einer schnellen Gebärde in den Mund stecken und mit unschuldigem Geschmack kauen.

Die Kleinste hat soeben ein Bündel von weichem, süßsaueren Klee bei der Hand erblickt, und ist im Begriff, sich zu beugen und ihn zu pflücken.

Plötzlich sehen sie zwei bewaffnete Fremde - wer weiß woher sie kommen - die vortreten.

Überrascht und erschreckt, drängen sie sich aneinander, den Atem anhaltend.

Einer von ihnen sagt mit einer sehr freundlichen Stimme: «Habt kein Angst». Und sich an das ältere Mädchen wendend: «Erlaubst du, daß diese Kleine zum Wald hingehe, um mir eine Hülle abzuholen, die ich dort vergessen habe? Du, setze deinen eigenen Weg fort, und sie wird dich sofort einholen».

Die Kleine beeilte sich zu gehorchen und läuft in den Wald.

Kein Paket ist aber da.

Sie ist im Begriffe, in die Tiefe des Waldes vorzudringen, um den gezeigten Gegenstand zu suchen, den sie aber nicht findet.

Plötzlich bemerkt sie die beiden Fremden hinter sich. Einer packt sie mit Gewalt an der Hand, zieht ein Messer aus dem Gurt, legt es an ihre Hüfte an und sagt: «Wenn du schreist, bist du tot! Los, folge uns!».

Vor Angst zu Stein erstarrt, mit aufgesperrten Augen und von Kopf bis Fuß zitternd, stößt sie einen Schrei aus.

«Wenn du schreist, bist du tot! Schnell, folge uns!», fordert sie einer der Männer auf, während er ein großes Messer aus seinem Gurt herauszieht; inzwischen faßt sie der andere beim Arm, und sie stoßen in die Tiefe des Waldes vor.

Das geschleppte, zur Eile angetriebene kleine Mädchen ist gezwungen, bis in die Nacht zu laufen.

Endlich, nach einem langen, ununterbrochenen Gehen, bleiben sie stehen, um Atem zu holen.

Das kleine Mädchen, das ihnen gegenüber sitzt, blickt noch einmal ihren mit Tränen gefüllten Augen auf, um um Mitleid zu bitten.

Die beiden blicken sich gleichgültig an. Ein boshaftes Lächeln erstreckt sich auf ihren Lippen, und...

«Wie wollen wir dieses schöne Mädchen nennen?».

«Bakhita, nennen wir sie Bakhita.

Bedenke: von nun an wirst du Bakhita heißen, und vergiß den Namen, der dir zuhause gegeben wurde».

Das war die Regel. Um vollständig die Geraubten ihren Ursprüngen zu entwurzeln, gaben sie ihnen einen anderen Namen.

So kam es unserer Kleinen vor.

Und mit diesem arabischen Namen - der «glücklich» heißt - ist jene unbekannte, unschuldige kleine Afrikanerin bis zu uns gekommen.

Aber Wie?

Wann?

Und woher kam sie?

Die selbe Bakhita wird auf diese Fragen antworten. Der Bericht der Ereignisse ist jedoch so verknüpft und umfassend daß wir, um die Erzählung nicht zu unterbrechen, sogleich kurze Nachrichten über das Vaterland der kleinen Geraubten geben: Sudan.

Die doppelte gestrichelte Linie, von Olgossa bis Khartoum, bezeichnet den Weg, den Bakhita als Sklavin zurücklegte.

Sudan ist das weiteste Land Afrikas, mit einer Fläche von 2.506.813 qkm.

Ägypten, Lybien, Tschad, die Zentralafrikanische Republik, Zaire, Uganda, Kenia, Äthiopien und, nach Osten, 500 km. entlang, dem Roten Meer, weisen seine Grenzen auf.

Diese unermeßliche Gegend schließt fast völlig in ihren Umfang das Nilbecken ein, dessen Arme, Weißer Nil und Blauer Nil, sich in Khartoum verbinden.

Von dort, nachdem er die Wüste von Bayuda mit zwei großen Biegungen umgegangen hat und einen Höhenunterschied von über 250 m. mit vier Katarakte überschritten hat, strömt der Fluß in Ägypten nach Wadi Halfa ein.

Das Klima und die Vegetation sind verschieden, sowie auch die Beschaffenheit des Landes: kein Regen in der Wüste, reiche Pflanzungen dem Nil entlang; und im übrigen, Steppe und Savanne.

Der Forschungsreisende Wilhelm Godio, welcher in der zweiten Mitte des vorigen Jahrhunderts Sudan besuchte, spricht mit viel Sympathie über die sudanischen Bevölkerungen, die - wie er versichert - «gutartig, gastfreundlich und aufrichtig» seien.

«Die Männer gehen mit langen Lanzen und riesigen Zweihändern bewaffnet, und mit schweren Schilden, die sie aus Büffel-, Flußpferd- oder Elephanthäuten anfertigen. Sie sind sehr schön und haben eine stolze Haltung, mit borstigen Haaren, die sie auf eine solche Art und Weise frisieren, daß es, beim ersten Blick, ein Respektgefühl einflößt.

Auch die Frauen haben eine gewisse Stattlichkeit, obwohl sie viel bescheidener seien; auf ihnen lastet die schwierige Verpflichtung, sich zum Brunnen zu begeben, oft sehr weit, um Wasser mit Lederschläuchen, *ghirbe* genannt, zu schöpfen.

Die Jagd bei diesen Bevölkerungen ist eine Ehrentat und wird mit Lanzen und Pfeilen betrieben; die hauptsächliche Beschäftigung ist aber die Zucht von Weidetieren».

In der mittelalterlichen Erdkunde wurde diese Gegend Bilàd es-Sudàn genannt, das heißt «Negerland». Negroide Volksstämme befinden sich tatsächlich im Süden, während sie im Norden viele arabische Merkmale haben, auch wegen der leichten Beziehungen zum nahen Ägypten.

Die geschichtlichen Ereignisse dieses Landes sind mit jenen von Ägypten streng verbunden.

Von 288 v.C. an, drängen die Echos des Ruhms der Pharaonen durch jenen gewundenen, unbeständigen Weg, gemäß dem Lauf des Nils, bis zu diesem geheimnisvollen Land vor. Die sehr antiken Denkmäler, im Sudan noch treibbar, sind ein Beweis dafür.

Die Geschichte bemerkt, wie auch die Römer versuchten, sich in die Ereignisse Sudans zu verwickeln, nachdem sie die Herrscher von Ägypten wurden. Gegen 66 n.C. schickte Nero zwei Zenturien auf Erkundung, die auf dem Rückweg behaupten, daß «das Land zu arm war, um der Eroberung würdig zu sein». Es scheint aber, daß sie die Nubienwüste nicht überschritten hätten.

Andere vertreten da eine andere Meinung.

Im VII. Jahrhundert, nachdem die Araber Ägypten in Besitz nahmen, drangen sie nach Nubien vor, begannen Raubzüge und einen regelmäßigen Sklavenhandel, und erlegten allen Sklaven die islamische Religion auf.

1805 beauftragte die türkische Regierung Mohammed Aly als Khedive (Vizekönig), die ottomanische Macht im Land zu errichten.

Mohammed erträumte sich dagegen, eine persönliche Erbherrschaft nicht nur in Ägypten, sondern auch im Sudan zu gründen.

Durch viele Ränke übergab er das Statthaltersamt in seiner Familie.

Sudan war ein großes Werkzeug im Spiel von Mohammed Aly, das er 1820 von seinem anderen Sohn, Ibraim, besetzen ließ. Entsprechend der Entfernung der anderen Fürstentümer ließ er eine einzige Hauptstadt erbauen: Khartoum, am Zusammenfluß des Weißen Nils und des Blauen Nils (1823).

Ismail - letzter Nachfolger - versuchte seine Macht über Sudan zu erlangen.

Zu diesem Zweck verbündete er sich 1869 mit europäischen Beamten, welchen er Führungsstellen in dem seit kurzem eroberten Sudan übergab.

Weil er sich in unüberwindlichen wirtschaftlichen Schwierigkeiten befand, sah er sich gezwungen, zunächst die französiche, dann die englische Einmischung zu dulden.

Nun, während England sich rüstete einzugreifen, tauchte ein angeblicher «von Gott Geschickter» oder Mahdi auf, ein gewisser Mohammed Ahmed ibn Abdullahi.

Als er 1881 seine Einsiedelei in der Insel Abba, am Weißen Nil, verließ, stürzte er sich darauf, den Sudan und die ganze Welt für das islamische Ideal zu gewinnen.

Mit seinen vermutlichen himmlischen Visionen und wundertätigen Tugenden geht der Mahdi tatsächlich von Sieg zu Sieg.

Es war kein Zufall, wenn katholische Missionsorte, die Daniele Comboni (Limone sul Garda, Italien 1831 - Khartoum, Sudan 1881) gründete, sich auf der Strecke eines solch verheerenden Vormarsches befanden: in Malbes, Delen und El Obeid.

Alles wurde geplündert und zerstört.

Die gefangengenommenen Missionäre und Schwestern standen vor einer schlimmen Alternative: «Islam oder Tod».

Alle erklärten einstimmig, sowie auch einzeln, daß sie zum Tode bereit wären, anstatt ihren katholischen Glauben zu verleugnen.

Tatsächlich starben vier von ihnen an Entbehrungen und Krankheiten, im Laufe einer Gefangenschaft, die mehr als zehn Jahre dauerte.

Als El Obeid am 19. Januar 1883 fiel, vor allem wegen des Falls der Stadtbewohner, wurde auch Khartoum leicht umschloßen. Und der tapfere, großmütige General Charles George Gordon wurde niedergemetzelt.

Dies geschah am 26. Januar 1885.

Der «heilige Krieg» des Mahdis hatte sein ersehntes Ziel erreicht, obwohl dies nicht der letzte der ehrgeizigen Pläne seines Leiters, welcher sich die Welteroberung vorgenommen hatte, war.

Mit diesen und anderen apokalyptischen Ruhmesplänen starb der Mahdi am 22. Juni 1885.

Der Kalif Abdullahi, den der Mahdi als seinen Nachfolger schon ernannt hatte, tritt an seine Stelle mit Vollmacht.

Kriege und Zerstörungen gingen ununterbrochen weiter, bis 1898 die englische-ägyptische Herrschaft hergestellt wurde.

Bei deren Ende erzielt dieses Land die Unabhängigkeit, am 1. Januar 1956.

Von nun an ist es als Unabhängige Republik Sudan bekannt.

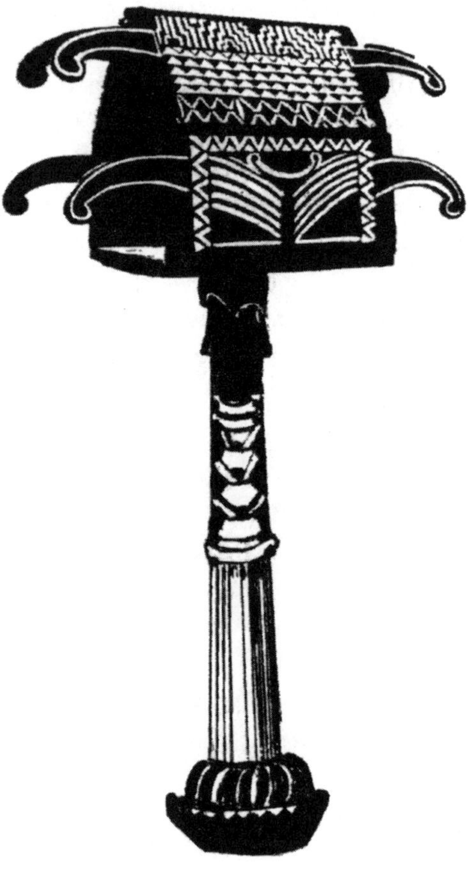

Animismus - Ein Behälter für die Opfergaben den Geistern der Toten.

Es gehört sich für die göttliche Weisheit, aus dem Bösen das Gute zu ziehen.

Es scheint, daß die ersten Evangelisierer von Ägypten und vom angrenzenden Sudan flüchtige Christen seien, die vom Wüten der römischen Verfolgungen bedrängt waren.

Es ist geschichtlich bewiesen, daß es vom VI. Jahrhundert an eine gut organisierte missionarische Ausdehnung im Sudan gab.

Im Jahre 580 schrieb der König von Soba dem König von Dòngola: «Der Christ ist mit uns».

Andere versicherten: «Im Nubien gibt es überall christliche Kirchen, in denen das Christusevangelium verkündet wird».

Aber das islamische Vorrücken, worüber wir schon gesprochen haben, hinterließ ein zur Wüste gemachtes Land nach seinem Durchzug.

Von einem Jahrtausend christlichen Lebens blieb nichts mehr, nur die Überreste der Kirchen, Kloster und der ausgestorbenen Orte.

Die Kirche verliert anscheinend ihre Schlachten, jedoch gewinnt sie den Krieg.

Die Gräber von zweiundzwanzig jungen Missionaren bilden den Evangeliumsweg durch Sudan.

Dennoch, keiner von ihnen starb als "gewonnen".

P. Franz Oliboni sprach so in seiner Agonie:

«Meine Brüder, ich sterbe und bin zufrieden, weil es Gott so gefällt († 1858: er war 33 Jahre alt!). Aber ihr, ihr dürft den Mut nicht verlieren. Laßt euch von eurem Vorhaben nicht abbringen... Und wenn auch nur einer von euch bliebe, schwindet ihm das Vertrauen nicht, und er scheidet nicht aus... Gott will die afrikanische Mission und die Bekehrung der Neger; ich sterbe mit dieser Gewißheit».

Der von diesem heldenhaften Missionar ausgesprochene prophetische Schrei wurde von P. Daniele Comboni aufgegriffen, der dann seine apostolische Verpflichtung mit diesem Denkspruch ausdrückte: «Entweder Nigritia oder Tod!».

Diese Worte, die wie einen Kriegsruf wirken, waren tatsächlich das Program, um Afrika für Gott zu gewinnen, wovon der große Comboni träumte und litt.

Die Verwirklichung dieses Plans beginnt genau in den westlichen Gebieten Sudans: Kordofan und Gebel Nuba, mit einem Hauptort in Khartoum.

Zu diesem Zeitpunkt, und gerade in diesen Orten geschieht es, daß sich die Geschichte der katholischen Mission, hier aus der Vogelperspektive betrachtet, mit der persönlichen Geschichte Bakhitas kreuzt.

Ihr erzwungener Lauf beginnt in Olgossa - Al Qoz -, ein Dorf am Hügel Agilerei, dem Berg Marra gegenüber. Nach einer Reise mit abenteuerlichen Etappen kam Bakhita in der Gegend von Kordofan an, in El Obeid.

Endlich in Khartoum: immer wurde sie von Ereignissen verfolgt, die ihr ganzes Land erschütterten und ihr ganzes Leben radikal veränderten.

Immer war sie Schritt für Schritt von der göttlichen Vorsehung begleitet, und auf eine so geheimnisvolle wie auch merkwürdige Weise.

Mahdi Mohammed Ahmed war das Werkzeug in den Händen Gottes.

## Ihre Religion

Die Religion durchdringt das ganze Leben der Afrikaner, und das geschieht seit undenklichen Zeiten. So kann man sagen, daß der Glaube und die religiöse Mentalität schon vorhanden waren, noch bevor sie mit einem Namen benannt wurden: Animismus.

Das war die von Bakhita und ihrer Familie bezeigte Religion.

Animismus schreibt allen empfindlichen Gegenständen - belebten und unbelebten - ein Leben, eine Tätigkeit und eine Macht zu, die menschliche, aber auch sie übertreffende Eigenschaften hat.

Dieser Lebenspuls kann, unter gewißen Bedingungen, mit dem Individuum oder mit einer menschlichen Gruppe in Verbindung treten. Aber immer auf geheimnisvolle und also furchtsame Weise: das treibt zum andächtigen Respekt und zur Anbetung, wegen seiner natürlichen Dynamik.

Die großen Kräfte der Natur, meteorische und Himmelskräfte, sind die ersten Gegenstände davon, seien sie erschreckend, wie der Blitz, oder wohltätig, wie der Regen.

Es bleibt aber schwierig festzusetzen, bis zu welchem Punkt der religiöse Schwung an dem Gegenstand, an dem natürlichen Phänomen festhält, oder ihn sogar übertrifft, bis zum Urgrund, um bei der Höchsten Gewalt anzukommen.

Die Suche danach ist instinktiv und immer vorhanden.

Der Animismus versucht irgendwie, durch eine besondere Verehrung der Totenseelen, sie zu verwirklichen.

Daraus folgt die Idee einer unkörperlichen Seele, die aber in allen Offenbarungen der materiellen Natur pulsiert.

So schreibt der Dichter A.B. Diop:

Höre im Winde den schluchzenden Busch:
es ist der Geist der Ahnen;
derjenigen die gestorben sind...
sie sind im rauschenden Baum,
sie sind im fließenden Wasser,
sie sind in der Hütte.
Die Toten sind nicht gestorben.

In der Praxis entspringt eine tiefe Achtung vor den Alten, wie auch vor den noch nicht geborenen Kindern, weil sie näher den Seelen der Verstorbenen sind.

Durch diese arbeitsamen Gewohnheiten erreicht man irgendwie die Idee eines allmächtigen, allgegenwärtigen Höchsten Wesens, das man immer zu befürchten hat.

Bakhita war in diese religiöse Atmosphäre eingefügt.

Aber da sie noch jung war, hatte sie keine religiöse Initiation gehabt; aus dem gleichen Grunde hatte sie nicht einmal die Möglichkeit gehabt, dafür die Etappen zurückzulegen, bis zur Schlußidee eines "Höchsten Wesens-Gott" zu gelangen.

Bakhita konnte also mit Recht behaupten, daß sie «*nie Götzen angebeten hatte*».

Anderseits war ihre schmerzliche Erinnerung auch wahr:

*«Hätte ich im Laufe meines Lebens*
*Gott kennengelernt,*
*wie wenig hätte ich gelitten!»*.

## Die Wurzeln

Es wird als sicher angenommen, daß Bakhita aus dem westlichen Sudan kommt.

Nach ihrer Auskunft wissen wir, daß ihr Heimatdorf «Olgossa ist, örtliche Aussprache von Al Qoz, das auf Arabisch "Stranddüne" heißt» (G. Vantini).

Sand- und wellige Böden erstrecken sich tatsächlich am Fuße des Berges Agilerei, 785 m. hoch.

Das ganze Gebiet wird Dajou genannt, von dem Namen einer der berühmtesten ethnischen Einheit von Darfur.

Dieses Volk ist mit Recht auf diese Ahnen stolz, die im XII. Jahrhundert in dieser Gegend angesiedelt waren.

Der Reisende Gustav Nachtigall, der Darfur 1873 besuchte, beschreibt die Dajou als «echte

Schwarze, mit einem kräftigen, athletischen Körperbau, in den Bewegungen ein wenig behindert», friedlich und arbeitsam.

Dieser eindrucksvollen ethnischen Einheit gehörte Bakhita an.

Ihre Familie war wohlhabend. Ihr Vater war der Bruder des Dorfhäuptlings. Er besaß Boden mit «*vielen Pflanzungen und Vieh*», die von Arbeitern versorgt wurden.

Die Mitglieder ihrer Familie, die Eltern und sechs Kinder, waren sehr vereint und liebend. Die Äußerungen von Zärtlichkeit, die Bakhita während ihrer Sklaverei jedem zukommenließ, beweisen das wohl; genauso wie das dauerhafte, betrübte Gebet für ihre Lieben, *«damit ihnen die Gnade erwiesen werde, Gott zu kennen und sich über ihn im Paradies zu freuen».*

In ihrem langen Leben erinnerte Bakhita verschiedene Male an ihr bescheidenes, armes "Hüttchen", das aber für ihre Familie und sie alles war.

Aloysius Roche, in seiner Bakhita-Biographie, beschreibt die Wohnungen der Dajou mit einer Kunstfertigkeit, die wir malerische Kunst nennen könnten:

«In diesem Gebiet des Sudans, in der Nähe des Berges Agilerei, haben die Wohnungen der Landbewohner so ähnliche Merkmale, daß du, wenn du eine sieht, alle gesehen hast.

In der Mitte ist ein großer Platz: ein Spielplatz für die Kinder, ein Treffpunkt für die Erwachsene und, am wichtigsten für die Dajou, eine Esplanade, wo alle tanzen können.

Denn diese Leute genießen das Leben so viel, daß sie es mit Gebärden und mit dem Rhythmus ausdrücken sollen: man wird eine Mahlzeit auslassen können, aber kein heiteres Tanzen.

Um den Hof herum, wohl geordnet, erheben sich die Hütten der Bewohner, jeweils zwei pro Familie: der eine für die Eltern und die Kleinkinder, die andere als Küche und Speisekammer.

Die älteren Mädchen und Jungen schlafen in getrennten Räumen.

Die Hütten sind kreisförmig: über die Schlammwände ist das Strohdach gelegt, einem Gartenschirm sehr ähnlich, der von den Wänden mit einem Mittelpfahl und mit anderen Seitenpfähle erhoben wird, um die Lüftung zu garantieren.

Wenn man aus einer gewißen Höhe ein Dorf der Dajou betrachtet, hat man den Eindruck, ein riesiges Pilzbeet zu sehen.

Dennoch, was so primitiv erscheint, verfügt über solche Einzelheiten, die unsere Aufmerksamkeit auf sich lenken.

Das Strohdach ist auf eine so ausgearbeitete Weise durchwebt, die uns glauben läßt, daß der "Architekt" den Nest des Webervogels als Modell genommen habe.

Ein echter Kunstgegenstand!

Die Eigentümlichkeiten der Hütte der Dajou sind damit noch nicht beendet.

Betrachten Sie ihren Eingang: er ist fast ein Riß, der einer Person erlaubt, durch ihn nur seitlich zu gehen.

Und mit Recht, denn auch in Afrika gibt es Diebe; nicht nur, sondern auch fürchterliche, wilde Tiere und nicht wenige fürchterliche Räuber. Es war also leichter, nicht die Tür schließen, die nicht vorhanden war, sondern den Riß mit dornigen Gesträuchern zu versperren.

Es war eben so.

In jener geschichtlichen Zeit waren der Sudan im allgemeinen, und das Darfurgebiet im genaueren, bei Tag und Nacht dieser fürchterlichen Gefahr ausgesetzt: Banden von Sklavenhändlern fielen plötzlich über die Dörfer her und entwandten Männer, Frauen und Kinder für den *menschlichen Markt*».

Es scheint, daß die Sklaverei im Gleichschritt mit der Geschichte des Mensches einhergehe. Es gibt kein Volk, daß sich, in der einen oder anderen Form, dieses schweren Verbrechens nicht schuldig gemacht hätte; Pius II., in seiner Verwerfung dieser Praxis im Jahre 1462, nannte sie *magnum scelus*.

Staatsoberhäupter erließen Gesetze, organisierten sogar Strafexpeditionen, um das Verbreiten einer so schweren menschlichen Verirrung einzudämmen, aber mit knappen Ergebnissen.

«Man soll das ehrlich zur Kenntnis nehmen und den Missionaren und Päpsten Lob erteilen, welche auf entscheidende Weise gegen den Sklavenhandel eintraten» (*Kath. Enz.*).

Persönlichkeiten im Vordergrund, wie der Spanier Bartolomé de Las Casas (1474-1566) und Pedro Claver (1580-1664), der Franzose Charles Lavigerie (1825-1892), Gründer der Weißen Brüder; die Italiener Massaia (1809-1886), Biagio Verri (1819-1884) mit Nicolò Olivieri (1792-1838) und Mgr. Daniele Comboni (1831-1881), gaben alles für die Erlösung der Sklaven.

Päpste aller Zeiten ließen ihre Stimme zur Verteidigung der Rechte und der Gleichheit

Menschen hören; ein Verweis, der unter vielen Gesichtspunkten noch immer gültig ist, denn es gibt verschiedene Weisen, den Menschen zu versklaven.

Wieder mit Bezugnahme auf die Geschichte Sudans weiß man sicherlich, daß Darfur, die Heimat von Bakhita, erobert und 1874 Ägypten einverleibt worden war.

Mit solcher Expansionspolitik trachtete man auch nach der Abschaffung des Sklavenhandels.

Dies ereignete sich auf ganz offensichtliche Weise, als europäische Verwalter das Amt antraten, wie der Engländer Charles George Gordon (1833-1885) und der Italiener Romolo Gessi (1831-1881) aus Ravenna, welche einen entschiedenen Kampf gegen die Sklaverei unternahmen.

Die volle Abschaffung der afrikanischen Sklaverei erwies sich aber als ein nicht leicht lösbares Problem. Es ist wahr, daß, auf die englische formelle Gesetzgebung von 1833, die Sanktion der Sklaverei zum Pariser Kongreß von 1856 folgte, der von den europäischen Mächten und Ägypten selbst zustimmt wurde.

Dann fragt man sich: wie kommt es, daß sich nach vielen formellen Verträgen, Sklaverei verfechtenden Raubzügen - wie im Dorf Bakhitas - in so kurzem Abstand dazu erneut wiederholten?

Die Antwort auf eine solche Frage liest man in einem Brief, den im Jahre 1873 Mgr. Comboni aus El Obeid schrieb.

«Die islamische Regierung, die auf den Vertrag von 1856 einging, ging darauf nur schriftlich ein», weshalb die Sklaverei im Mittelafrika noch «bei größter Kraft» ist, und «der Schmerzensschrei dieser Völker Europa nicht erreicht... So dauert das Betrübnis dieser Gegenden an und wird noch lange Zeit andauern».

Wir wissen von einem Opfer selbst, daß es wirklich passierte und auf welche Weise.

## DIE GESCHICHTLICHE QUELLE

Die Oberin des Kanossianischen Ordens in der Fusinatostraße, in Schio - Schw. Margherita Bonotto (1846-1924) - bat 1910 M. Josephine Bakhita, die Erlebnisse ihres Lebens zu erzählen.

Daraus ergab sich ein einunddreißigseitiges Manuskript (Ms.) - auf Italienisch - im geschichtlichen Archiv der Generalkurie der Kanossianischen Schwestern von Rom aufbewahrt.

Das ist die einzige wahrheitsgetreue Auskunftsquelle über die Herkunft, den Familienzustand und «einige Merkmale der Sklaverei» von M. Josephine Bakhita.

Aus den Lücken der Namen der verschiedenen Herren und Orte, die sie auf dem Weg von Olgossa - ihrem Dorf - bis Khartoum zurücklegte, läßt sich schließen, daß keine erklärende Frage an die Erzählerin gerichtet wurde. Sie erzählt von «einigen Merkmalen», besser noch, sie wird später sagen, daß «einige Einzelheiten nur im Himmel bekannt sein werden».

Sie macht keine Andeutung über die Gebung des arabischen Namens «Bakhita»; sie hielt es vielleicht für eine naheliegende Einzelheit, vorausgesetzt, daß alle in ihrer Gegend wußten, was den zur Sklaverei verurteilten Geraubten geschah.

Es bleibt immerhin eine Tatsache, daß diese Leere anderes in der Erzählung von Anfang an alldiejenige verblüffen lassen haben, die sich für den Fall von Bakhita interessiert haben.

Das erklärt auf welche Weise, in diesen letzten Zeiten, in der *viele* Leute *alles* von dieser Sklavin-Heiligen wissen wollen, wir uns mehr denn je den Studien und Forschungen gewidmet haben, um nur geschichtlich nachgewiesene Einzelheiten zu erteilen.

Das erste Problem dreht sich um den Namen «Bakhita».

Aus weit belegten geschichtlichen Quellen weiß man ganz sicher, daß allen Sklaven ein von ihrem ursprünglichen verschiedener Name gegeben worden war, um sie vollständig aus ihrem Ursprungsland zu entwurzeln.

Alle können sich an den auf den Fernsehschirmen vorgeführten Vorfall erinnern, der dem Buch *Wurzeln* von Alex Haley entnommen worden ist.

«Jetzt bist du Toby, und vergiß für immer deinen afrikanischen Namen».

Die wütende Reaktion Kunta Kintes war wohl sichtlich.

«Mache uns nicht verrückt, jetzt bist du Toby, und Schluß».

Wir entnehmen dieses Stück aus dem *Dictionary of Afro-American Slavery*, von R.M. Miller und J.D. Smith, über: «Obwohl der legale Stand der Sklaven einem *Nicht-Personenstand* gleich wäre, wurden ihnen dennoch von den Sklavenhaltern oder Herren neue Namen gegeben, um sie aus ihren Ursprüngen zu entfremden und in das neue Milieu einzuführen (vgl. ebd. s. 513)».

Das genügt schon, eine Frage zu beantworten, die seit 1929 offen geblieben ist, und zwar seitdem sich Ida Zanolini (1895-1985) und M. Josephine Bakhita zu einem Interview in Venedig traten. Daraus ergab sich das Buch *Wunderbare Geschichte.*

Nehmen wir das Manuskript von 1910 mit andächtiger Achtung wieder auf, um seinen Inhalt so genau wie möglich abzudrucken. Einige kleine Abänderungen sind unvermeidlich, um die Erzählung flüssig zu machen, aber wir werden uns auf die Verbesserung der Fehler beschränken, und einige Worte einfügen, die die Erzählerin in der momentanen Erregung ausgelassen hat.

Die Ortsnamen, von denen Bakhita die Aussprache gibt, die ihr aus der Kindheit in den Ohren geblieben war, oder die sie unterwegs gehört hatte, werden in der laufenden geographischen Orthographie geschrieben. Zum Beispiel, *Cortonfan* ist offensichtlich Kordofan.

Sie gibt keinen Namen der verschiedenen Herren an, und auch keinen ihrer Mitsklavinnen. Was die erste betrifft, hat P. Giovanni Vantini interessante Forschungen gemacht, aber seine Endergebnisse sind natürlich nur hypothetisch, denn diese Sklavin, die «geht, wohin sie geführt wird, weiß nicht warum und auch nicht von wem sie wieder gekauft werden wird», bietet nur sehr ungenügende Angaben an.

Landkarte bei der Hand können wir rechnen, daß Bakhita von ihrem Dorf von Olgossa, im äußersten Süd-Westen von dem Darfurgebiet, etwa 960 km. im Gewaltmarschschritt zurücklegte, das Laufen abseits vom Weg während der Flucht zu berücksichtigen, die eine ganze Nacht und einen Tag dauerte.

Aber in Khartoum mußte Bakhita endlich ankommen: durch einige Männer, die unbewußte Mitwirkende der geheimnisvollen Plänen Gottes waren (vgl. *1 Cor* 3, 9).

# ZWEITER TEIL

«Wenn ich den Herren während meiner Sklaverei gekannt hätte, wie wenig hätte ich gelitten» (Bildhauer: Mattutadidi).

## Die Erzählung

An diesem Punkt erteilen wir das Wort M. Josephine Bakhita und folgen Schritt auf Schritt der Erzählung, wie sie aus ihren Lippen gekommen ist.

«Auf Wunsch der hochwürdigen M. Oberin (Margherita Bonotto - 1846-1929), diktiere ich hier einige Merkmale meiner Sklaverei.

Ich hoffe, daß diese Erinnerungen dazu dienlich sind, mich immer mehr die große Gabe schätzen zu lassen, die Gott mir machte, als er mich zu seiner Braut wählte.

## Ihre Familie

Meine Familie wohnte gerade in der Mitte von Afrika [1], in einem Dorf des Darfurs, das Olgossa (Al Qoz) genannt wurde, nahe am Berg Agilerei.

---

[1] Mittelafrika, so ist es tatsächlich. Olgossa befindet sich genau 2.400 Km. vom Roten Meer, im Osten, und in der selben Entfernung vom Atlantischen Ozean, im Westen; 2 Km. südlich vom Agilerei Berg. Die Gegend, Dajou genannt, liegt 40 Km. nord-östlich von der Stadt Nyala, gegenwärtige Hauptstadt des südlichen Darfurs (G. Vantini).

Sie bestand aus dem Vater, der Mutter, drei Brüdern und drei Schwestern. Es gab auch vier andere Brüder, die ich nie kennenlernte, weil sie vor meiner Geburt starben.

Ich war der Zwilling meiner Schwester, von der ich - wie von den Eltern - nichts mehr wußte, seitdem ich geraubt wurde.

Ich lebte ganz glücklich, ohne zu wissen, was Schmerz bedeutet.

## DAS DRAMA BRICHT AUS

Eines Tages dachte meine Mutter, bis zu den Feldern vorzudringen, wo wir viele Pflanzungen und Vieh hatten, um zu sehen, ob alle Arbeiter sich ihrer Pflicht widmeten, und sie wollte, daß wir alle Kinder ihr folgten. Die ältere, die sich unpäßlich fühlte, fragte und erreichte, zu Hause mit der kleineren Schwester bleiben zu dürfen.

Aber, während wir in den Feldern standen, hörten wir ein Getümmel, ein Schreien und ein Laufen; jeder vermutete gleich, daß die Sklavenhändler in das Dorf eingedrungen seien, um zu rauben.

Wir kehrten sofort nach Hause zurück.

Wie groß war unser Schmerz, als wir von der ganz erschreckten und zitternden Kleinen erfuhren, wie die Räuber die ältere Schwester weggetragen hatten! Und sie es gerade geschafft hatte, sich hinter den Mauern eines verfallenen Hauses zu verstecken, sonst wäre auch sie geraubt worden.

Ich erinnere mich noch, wieviel meine Mutter weinte, und wieviel auch wir weinten.

Jener Abend, als der Vater von der Arbeit zurückkam, erfuhr er von dem Vorfall.

In Wut geraten und voller Schmerz nahm er sofort den Räuber mit seinen Arbeitern auf.

Sie forschten überall nach.

Aber alles war erfolglos.

Man wußte nichts mehr von der armen Schwester.

Das war mein erster Schmerz. Aber wieviele andere hatte ich später gehabt!

## Ihre Reihe

Ich war ungefähr [2] neun Jahre alt, als ich eines Morgens, nach dem Frühstück, mit einer von meinen Freundinnen spazierenging, die zwölf oder

[2] In Bezug auf ihr Alter macht Bakhita oft Gebrauch vom Adverb 'ungefähr'. In der Tat, in den Orten, wo es keine formelle Schule, oder ein Einwohnerregister gibt, kennen weder die Kinder noch die Erwachsene ihr Alter (es sind Hunderte noch heute).

dreizehn Jahre alt war. Wir erreichten unsere Felder, die ein wenig fern vom zu Hause waren.

Dann brachten wir unsere Spiele unter und waren beschäftigt, Kräuter zu ernten.

Auf einmal sahen wir zwei böse bewaffnete Fremde, die aus einer Hecke hervorkamen.

Als sie nahe an uns herankamen, sagte einer von ihnen zu meiner Freundin:

«Laß diese Kleine hingehen, zu dem Wald, um mir eine Hülle abzuholen; sie wird bald zurückkommen; du, setze deinen eigenen Weg fort, und sie wird dich sofort erreichen».

Es ist offensichtlich, daß es ihr Plan war, meine Freundin von mir fernzuhalten, denn, wenn sie bei der Gefangennahme dabei gewesen wäre, hätte sie Alarm geschlagen.

Ich zweifelte an nichts.

Ich beeilte mich zu gehorchen, wie ich es immer mit meiner Mutter machte.

Sobald ich in den Wald eindrang auf der Suche nach der Hülle, die ich nicht fand, sah ich die beiden Männer hinter mir.

Einer faßte mich schroff bei der Hand, mit der anderen zog er ein großes Messer aus dem Gurt, legte es mir an die Hüfte und mit gebieterischer Stimme sagte er:

«Wenn du schreist, bist du tot! Los, folge uns!», sagte er mir, während der andere mich vorstieß und den Lauf eines Gewehrs an meinen Rücken anlegte.

Ich erstarrte vor Angst zu Stein. Mit aufgesperrten Augen und von Kopf bis Fuß zitternd, war ich im Begriff zu schreien, aber ein Würgen in der Kehle hinderte mich: ich konnte nicht sprechen und auch nicht weinen.

Ich wurde mit Gewalt in die Tiefe des Waldes vorgestoßen, über versteckte anselige Sträßchen, durch Felder, immer schnellen Schrittes; sie ließen mich bis zum Abend wandern.

Ich war todmüde.

Meine Füße und Beine bluteten, wegen der Steinsplitter und der Stiche der Brombeeredorne.

Ich machte nichts anderes als schluchzen, aber diese harten Herzen fühlten kein Mitleid.

Endlich, als wir durch ein Wassermelonenfeld[3] gingen, die es im Überfluß in diesen Orten gab, machten wir eine lange Pause, um Atem zu holen.

Sie brachen inzwischen einige Früchte und reichten mir ein Stück.

Aber ich konnte es wirklich nicht hinunterschlucken, und doch aß ich nichts seit dem Morgen.

Ich hatte nichts anderes im Sinn als meine Familie. Ich rief Mama und Papa mit einer unsagbaren Angst in der Seele.

Aber keiner hörte mich dort.

Weitere: sie forderten mich zum Schweigen mit fürchterlichen Drohungen auf.

---

[3] Die Zeit der Wassermelonen ist Februar; Bakhita wurde also in diesem Monat geraubt.

Auf diese Weise, müde und nüchtern, ließen sie mich wieder auf den Weg machen, der die ganze Nacht ununterbrochen dauerte.

Im ersten Morgengrauen traten wir in ihr Land ein.

Ich konnte wirklich nicht mehr.

Einer von ihnen packte mich an der Hand und schleppte mich in seine Wohnung, führte mich in eine enge Kammer, voll mit Werkzeugen und Trümmern.

Dort waren weder Säcke noch Bett; der nackte Boden sollte allem dienen. Er gab mir ein Stück Schwarzbrot und sagte mir: «Bleibe hier», und bei dem Ausgehen schloß er die Tür ab.

Ich blieb dort mehr als einen Monat. Ein kleines Loch oben war mein Fenster.

Die Tür wurde kurze Augenblicke geöffnet, um mir eine dürftige Speise zu geben.

Man kann nicht mit Worten sagen, wieviel ich in jenem Ort gelitten habe.

Ich erinnere mich noch an jene angstvollen Stunden. Müde wegen des langen Weinens, fiel ich erschöpft mit einer leichten Gefühllosigkeit auf den Boden, während meine Phantasie mich weit weg zu meinen Lieben trug...

Dort sah ich meine geliebten Eltern, Brüder, Schwestern, und alle umarmten mich mit Ergriffenheit, während ich ihnen erzählte, wie ich geraubt worden war und wieviel ich gelitten hatte.

Andere Male schien es mir, mit meinen Freundinnen auf unseren Felden zu spielen, und ich fühlte mich glücklich.

Aber sobald ich leider zur rauhen Wirklichkeit der schauderhaften Einsamkeit zurückkehrte, überkam mich eine große Niedergeschlagenheit und ich glaubte, daß mein Herz bräche».

## Auf dem Markt verkauft

«Einen Morgen wird mir die Tür wie gewohnt geöffnet.

Der Herr stellt mich einem Sklavenhändler vor, der mich verkauft und mich zu seinen anderen Sklaven stellt.

Diese waren: drei Männer, drei Frauen, unter denen ein junges Mädchen, ein wenig älter als ich.

Bald setzten wir uns in Bewegung.

Als ich das Land, den Himmel, das Wasser sah, als ich die freie Luft atmen konnte, gab mir all das ein wenig Leben wieder, obwohl ich nicht wußte, wo ich hinkommen würde.

Die Reise dauerte acht Tage lang, immer zu Fuß: durch Wälder, über Berge, Täler und Wüsten.

Jedesmal als wir durch Dörfer gingen, nahm die Karawane immer mehr zu.

Sie war so geordnet: zunächst die Männer, dann die Frauen; alle waren mit einer großen Kette am

Hals gefesselt, die mit Schlüsselschlössern zugesperrt war; Zweier- oder Dreierreihen.

Wehe, wenn jemand sich beugte oder anhielt, wehe seinem Hals und dem seines Kamaraden! Man sah um jemandens Hals große und tiefe Wunden, die Mitleid erregten.

Den kräftigsten wurden große Bündel auf die Schultern gebunden, die sie meilenweit tragen sollten. Die Ärmsten! Als wären sie Saumtiere.

Wir kleinsten hatten keine Kette, gingen in der letzten Reihe zwischen den Herren. Wir hielten nur einige Stunden, um auszuruhen oder etwas zu essen.

Dann wurde die Kette vom Hals abgezogen und am Fuß gefesselt, in einer Entfernung von einem Schritt zum anderen, um die Flucht zu verhindern. Das wurde auch bei uns kleinen gemacht, aber nur nachts.

Endlich machten wir auf dem Sklavenmarkt [4] halt.

Wir alle wurden in ein großes Zimmer geführt, um zu warten, bis jeder an die Verkaufsreihe käme.

Zunächst wurden die schwächeren und die kränklicheren verkauft, aus Angst, daß sie sich verschlechterten; in einem solchen Falle wäre der Verdienst verloren gegangen. Arme Opfer!

Wir beiden kleineren standen immer zusammen, da wir mit der selben Kette an den

---

[4] Wahrscheinlich Taweisha: eine berühmte Sammel- und Verkaufsstelle der Sklaven, 180 Km. von Olgossa, geradlinig.

Füßen gefesselt waren. Wenn niemand uns beobachtete, erzählten wir einander, wie wir geraubt worden waren. Wir sprachen über unsere Liebe und immer mehr entfachtete sich in uns der Wunsch, zu der Familie zurückzukehren.

Während man über unserer unglückliches Los weinte, plante man eine Flucht.

Der liebe Gott, der bei uns wachtet, ohne daß wir ihn kennenlernten, bot uns die Gelegenheit.

Da kommt, wie es geschah».

**Die Flucht**

«Der Wächter hatte uns in ein getrenntes Zimmer gestellt, und schloß uns immer ein, besonders wenn er sich aus dem Hause entfernen sollte.

Es war fast die Zeit des Abendessens. Nachdem er vom Markt zurückkam, hatte er einen mit Maiskolben beladenen Maulesel nach Hause geführt.

Nun gut, er kam, zog uns die Kette von den Füßen ab und befahl uns, die Maiskolben zu schälen und sie dem Maulesel zu essen zu geben.

In Gedanken versunken, entfernt er sich, ohne die Tür zu schließen.

Wir waren allein, ohne Kette.

Göttliche Vorsehung.

Das war der rechte Augenblick. Jetzt oder nie wieder.

Ein einziger Blick, Hand in Hand, ein Überblick und, da wir niemand sahen, flohen wir laufend in das freie Land, ohne zu wissen, wohin wir gingen, mit der einzigen Geschwindigkeit unserer armen Beine.

Die ganze Nacht über war es ein dauerndes, ängstliches Laufen in die Wälder und aus den Wäldern hinaus, durch die Wüste.

Keuchend, atemlos, hörten wir im Dunkeln das Brüllen der Raubtiere. Jedesmal wenn sie sich uns näherten, kletterten wir auf die Bäume, um uns zu retten.

Einmal waren wir soeben aus unserem Schutz ausgestiegen und hatten das Laufen wieder begonnen, als wir das charakteristische sich nähernde Geräusch der Karawanen hörten.

Mehr denn je erschreckt, versteckten wir uns hinter den mit Dornen besäten Büschen. Zwei ganze Stunden lang folgte eine Gruppe der anderen; sie zogen genau an uns vorüber.

Aber niemand erblickte uns.

Es war der liebe Gott, der uns schützte, und kein anderer.

Ich glaubte, daß ich sofort nach den abgewandten Gefahren meine Liebe gefunden hätte. Alles litt ich gern und faßte Mut.

O weh, wer weiß dagegen, wieviel ich mich von

ihnen entfernte; vielleicht hätte ich sie nie wieder auf der Erde gesehen.

Gegen Morgendämmerung hielten wir an, um Atem zu holen.

Wie müde waren wir! Das Herz klopfte uns in der Brust, große Schweißtropfen fielen uns von allen Seiten, ein stechender Hunger quälte den Magen: wir hatten nichts.

Der lebhafte Wunsch, unsere Liebe wiederzusehen, und die Angst, verfolgt zu sein, gaben uns noch die Kraft, das Laufen fortzusetzen, wie nie zuvor.

Aber wo kamen wir hin?

Gegen Sonnenuntergang sahen wir ein kleines, dürftiges Haus.

Das Herz begann dann, höher zu schlagen. Wir schärften die Augen, um zu sehen, ob dieses unser Haus war: aber das war es nicht.

Oh, wieviel Betrübnis, welch eine Enttäuschung!

Während wir dort verzagt standen und dachten was zu tun wäre, da erschien ein Mann vor uns.

Erschreckt suchten wir zu fliehen, aber er hielt uns an und fragte uns auf gütlichem Wege:

“Wohin geht ihr?”.

Und wir bleiben still.

“Los, sagt mir: wohin geht ihr?”.

“Zu unseren Eltern”.

“Und wo sind eure Eltern?”.

“Dort”, antworteten wir, während wir eine Seite unklar zeigten, ohne zu wissen wo.

Da bemerkte er, daß wir flüchtig waren.

“Nun gut - er sagte - kommt, euch ein wenig auszuruhen; dann werde ich euch selbst zu euren Eltern führen”.

Wir glaubten an seine Worte, und so folgten wir ihm ins kleine Haus.

Sobald wir eintraten, legten wir uns auf den Boden, wie tot. Er bot uns ein wenig Wasser, aber wir waren so erschöpft, daß wir es nicht halten konnten. Da ließ er uns für ein Stündchen allein und ruhig.

Nach einem kurzen Schlafen weckte er uns. Er führte uns in sein Haus, gab uns zu essen und zu trinken.

Dann führte er uns in einen großen Schafstall, voll von Schafen und Lämmern; nachdem er uns mit einer großen Kette am Fuß zusammenfesselte, befahl er uns, bis auf weiteres in diesem Schafstall zu bleiben.

Da waren wir schon wieder Sklavinnen!

Es war alles andere, als uns zu den Eltern zu führen!

Wieviel Weinen! Wieviel Leiden!

Er ließ uns dort, mehrere Tage lang unter Schafen und Lämmern, bis ein Sklavenhändler hinüberging.

Da brachte er uns aus dem Schafstall heraus und verkaufte uns an diesen Mann.

Wir wanderten lange, bevor wir die Karawane erreichten.

Welche Überraschung war es, als wir unter den Sklaven einige sahen, die dem Herren gehörten, von dem wir geflohen waren. Sie beschrieben uns seinen Zorn, seine Wut, als er uns nicht mehr fand.

Er tobte, beschuldigte und schlug, wer auch immer ihm begegnete, und er drohte, uns grün und blau zu schlagen, sobald er uns gefunden hätte.

Jetzt kenne ich immer mehr die Güte Gottes, der mich auch in jenem Augenblick fast wunderbarerweise rettete.

Man wanderte zweieinhalb Wochen lang, immer mit der selben oben beschriebenen Ordnung.

Bei dieser Wanderung mußte ich einen armen Sklaven sehen, dem es so schlecht ging, daß er sich auf den Beinen nicht mehr halten konnte. Er bat den Herren, ihn setzenzulassen, um ein wenig auszuholen.

Aber dieser glaubte ihm nicht und schlug ihn, als wäre er ein Tier.

Ich sah ihn unter Klagen auf den Boden fallen:

“Es vergehen mir die Sinne, ich kann nicht mehr!”.

Aber jener Unmenschliche schlug ihn noch, damit er sich erhebe.

Als er sah, daß der Sklave sich nicht mehr bewegen konnte, mußte er ihm die Kette abziehen, die ihm der Kamarade gebunden hielt. Der arme Kerl stöhnte und erregte Mitleid.

Da befahl uns der vor Wut bebende Herr, fortzusetzen, während er mit jenem Unglücklichen stehen blieb.

Was machte er mit ihm?

Niemand sah ihn mehr».

## Sie wird das dritte und vierte Mal verkauft und gekauft

«Als wir endlich in einer Stadt [El Obeid] ankamen, wurden wir ins Haus des Führers der Araber gebracht.

Er war ein sehr reicher Mann, hatte schon eine beträchtliche Anzahl von Sklaven, alle in der Blüte der Jugend.

Meine Kameradin und ich wurden als Mägde seiner Fräulein Töchter bestimmt, die sofort begannen, uns zu lieben.

Der Herr hatte die Absicht, uns seinem Sohn zu schenken, wenn er sich verheiratet hätte. In diesem Haus wurde ich gut behandelt und es fehlte mir nichts.

Jedoch, eines Tages beging ich irgendeinen Fehler, gerade beim Sohn des Herrn.

Er nam sofort die Reitpeitsche in die Hand, um mich zu schlagen. Ich floh in das andere Zimmer, um mich hinter seinen Schwestern zu verstecken.

Hätte ich es nie gemacht!

Er geriet in Wut, brachte mich mit Gewalt von dort weg, und warf mich auf die Erde; dann mit der Peitsche und den Füßen schlug er mich sehr sehr, und schließlich, mit einem Fußtritt auf die linke Hüfte, ließ er mich wie tot.

Nichts mehr wußte ich von mir. Bewußtlos muß ich zu meinem Lager der Sklavinnen überführt worden sein, wo ich mehr als einen Monat blieb.

Als sie sich von den Schlägen erholte, wurde sie einer anderen Arbeit zugeteilt.

Aber ihr Schicksal war schon vergezeichnet: sie mußte dieses Haus bei der ersten Gelegenheit verlassen.

Die Gelegenheit kam drei Monate nachher, als ich einem anderen Herren verkauft wurde.

Er war ein General der türkischen Armee, der mit seiner alten Mutter und seiner Frau lebte.

Beide waren sehr unmenschlich den armen Sklaven gegenüber, die in den mühsamen Arbeiten in der Küche, in der Waschküche und in den Felden eingesetzt waren.

Ich und eine andere Jugendliche standen im Dienst jener zwei Frauen. Wir durften sie nicht einmal einen Augenblick verlassen.

Wir waren beschäftigt, sie anzuziehen, zu parfümieren und zu lüften, und hatten keine Pause.

Wehe uns, wenn wir auch nur ein Haar der Frauen versehentlich oder wegen des Schlafes berührten...

Die Knutenhiebe fielen über uns ohne Barmherzigkeit her; derart, daß ich mich nicht erinnere, während dieser drei Jahre, die ich in ihrem Dienst war, einen einzigen Tag ohne Wunden verbracht zu haben; denn, sobald ich von den erhaltenen Schlägen genaß, fielen andere über mich her, ohne den Grund zu wissen.

Eines Tages erzählte ich meiner Kameradin, wie ich von meinem ersten Herren geflohen war.

Die Tochter des Generals hatte alles gehört und fürchtete vielleicht, daß ich die Flucht versuchen wollte, da sie mir eine große Kette an die Füßen legen ließ, die ich mehr als einen Monat tragen sollte. Sie wurde mir anläßlich eines großen moslemischen Feiertags (Ramadan) abgezogen, da es vorgeschrieben war, allen Sklaven die Fesseln zu sprengen.

Jeden Tag, bei Tagesanbruch, sollten die Sklaven aufstehen.

Die Dame, die Frau des Generals, war so eifrig, daß sie manchmal vor allen aufstand, um zu beobachten, ob jemand auch mit einer einzigen Minute Verspätung kam.

In einem solchen Falle bewarf sie ihn mit der Knute und ließ ihn vom Schmerz springen, ohne zu bedenken, daß der Ärmste sich bis zur vorgerückten Nacht abgemüht hatte - und das geschah oft.

Die Sklaven schlafen alle in einem großen Zimmer. Sie waren bis mittags völlig nüchtern, als jedem eine Portion Schmorfleisch, Polenta, Brot und Obst gegeben worden war. Abends, nur ein geringes Abendessen und dann im Ruhestand auf dem nackten Boden. Wehe, wer den Mund nicht hielt. Arme Opfer der menschlichen Tyrannei.

Diejenigen, die erkrankten, wurden keines Blickes gewürdigt und man hat sie verkommen lassen; es gab niemand, der dachte, sie zu behandeln oder ihnen zu helfen; als sie kurz vor dem Tod standen, wurden sie auf die Felder oder auf den Düngerhaufen geworfen.

Wieviele Mißhandlungen und Peitschenhiebe erhalten die armen Sklaven ohne Grund.

Zum Beispiel, eines Tages waren wir zufällig anwesend, als der Herr mit seiner Frau stritt. Da er seinen Ärger auslassen wollte, befahl er uns beiden, auf dem Hof auszusteigen, und ordnete zwei Soldaten an, uns auf die Erde auf dem Rücken zu werfen, um die Geißelung zu erleiden. Diese beiden begannen die grausame Qual mit allen Kräften und ließen uns in unser Blut getaucht.

Ich erinnere mich, wie die mehrmals auf den Schenkel gezielte Rute mir Haut und Fleisch wegriß, und mir einen kleinen Kanal verursachte, der mich mehrere Monate lang regungslos auf dem Lager bleiben ließ.

Man mußte alles still ertragen, denn niemand kam, unsere Wunde zu behandeln, noch um uns ein tröstendes Wort zu sagen. So viele meiner Unglückskameradinnen starben wegen der erlittenen Schlägen».

**Die Tätowierung**

Das Schlimmste war aber für unsere junge Sklavin noch nicht gekommen.

«Man hatte die Gewohnheit, daß die Sklaven zu Ehre des Herrn besondere Zeichen oder Furche auf dem Körper tragen mußten, die man mit einer Tätowierung durch Einschneiden erhielt.

Bis zu diesem Augenblick hatte ich noch kein Zeichen; meine Kameradinnen hatten dagegen viele, auch auf dem Gesicht und auf dem Arm.

Und gut, unsere Frau kaprizierte sich auf die Idee, dieses Geschenk denjenigen, die noch nicht tätowiert worden waren, zu machen.

Wir waren drei.

Es kam eine in diesem grausamen Handwerk tätige Frau.

Sie führte uns unter den Laubengang, und die Frau stand hinter uns mit der Reitpeitsche in der Hand. Die Frau ließ sich einen Teller weißes Mehl, einen anderen mit Salz und ein Rasiermesser holen.

Dann befahl sie der ersten von uns, sich auf den Boden niederzulegen, während zwei der stärksten

Sklavinnen das eine Mädchen an den Armen und das andere an den Beinen hielten.

Die Peinigerin beugte sich dann über sie und begann, etwa sechzig feine Zeichen mit dem Mehl auf dem Bauch dieser Unglücklichen zu machen.

Ich war dort, und beobachtete die Szene mit aufgesperrten Augen, und dachte, daß danach ich auch dieses grausame Schicksal gehabt hätte.

Als mit dem Markieren festig war, nahm sie das Rasiermesser und Schnitte prasselten auf jedes von ihr verzeichnete Zeichen herunter.

Die Ärmste stöhnte, und das Blut tropfte aus jedem Schnitt.

Es reichte aber noch nicht. Nachdem die Frau diese Handlung beendete, nahm sie das Salz und rieb jede Wunde mit aller Kraft, damit es hineintrete und den Schnitt vergrößere, um die Ränder geöffnet zu halten.

Welch heftiger Schmerz. Welche Qual!

Sie zitterte am ganzen Leibe, die Arme, und auch ich zitterte, da ich der selben Handlung bestimmt war. In der Tat, nachdem man die erste auf ihr Lager getragen wurde, kam ich an die Reihe.

Atemlos konnte ich mich nicht bewegen; aber der schlagartige Blick der Herrin und die erhobene Reitpeitsche ließen mich sogleich auf die Erde beugen.

Die Peinigerin hatte den Befehl bekommen, mir das Gesicht zu scheuen, so begann sie, mir sechs

Schnitte auf der Brust zu machen, dann auf dem Bauch bis sechzig, und auf dem Arm achtundvierzig. Wie ich mich fühlte, könnte ich nicht sagen. Es schien mir, als müßte ich fortwährend sterben, besonders als sie mir das Salz einrieb.

In eine Blutlache getaucht, wurde ich auf das Lager gebracht, wo ich mehrere Stunden lang nichts von mir wußte...

Als ich wieder zu mir kam, sah ich meine Kameradinnen neben mir, die furchtbar litten, so wie ich.

Mehr als einen Monat wurden wir drei gezwungen, dort auf der Matte ausgestreckt zu liegen, ohne uns bewegen zu können, ohne ein Läppchen zu haben um das Wasser abzutrocknen, das ununterbrochen aus den, wegen des Salzes, halbgeöffneten Wunden austritt.

Die Narben habe ich noch.

Ich kann eben sagen, daß ich nicht gestorben bin, dank einem Wunder Gottes, der mich für "Bessere Dinge" bestimmte.

Mehrere Monate später war der General nach Kordofan zurückgekehrt, entschieden sich zu seinen Dörfern in der Türkei (wegen der mahdistischen Drohung) zu begeben. Er traf also die Vorbereitungen für die Abreise, und da er eine Menge Sklaven hatte, wählte er zehn von ihnen aus, unter denen mich auch. Die andere wurden verkauft.

Wir ritten von aus Kordofan auf den Kamelen; nach verschiedenen Tagen Reise machten wir in Khartoum bei einem Hotel halt.

Dort verbreitete er das Gerücht, daß jemand Sklaven verkaufen wollte. Bald erschien der italienische Konsularagent namens Callisto Legnani.

Ich wurde gefragt, ihm einen Kaffee zu bringen. Ich sah ihn, daß er mich von oben bis unten musterte, aber ich dachte nicht, daß er mich verkaufen wollte. Ich verstand es nur am nächsten Morgen, als der türkische General befahl, dem Hausmädchen des Konsuls zu folgen, um ihr eine Hülle tragen zu helfen».

Das war der fünfte und letzte An- und Verkauf der jungen sudanischen Sklavin.

Eine lange Geschichte in ihrem Schicksal war hiermit beendet - eine Geschichte von Schauder und Demütigungen.

Es war das erste Mal, daß Bakhita ein Kleid einzog, nach fast zehn Jahre Sklaverei.

## Gegen die Freiheit und die Rettung

«Diesmal war ich eben glücklich [5], denn der neue Herr war sehr gut und begann sofort mich viel

---

[5] Bakhita heißt auf Arabisch 'glücklich', 'wer eine Aussicht hat'.

Afrika: junge tätowierte Frau.

zu lieben. Als Beschäftigung mußte ich den Hausmädchen in den häuslichen Arbeiten helfen; ich bekam keinen Verweis, weder Strafen noch Schläge, so daß ich kaum glauben konnte, solch einen Frieden und Ruhe zu genießen.

Zwei Jahre und mehr vergingen ohne jegliche Veränderung. Als, plötzlich, der Konsul wegen schwerwiegender Angelegenheiten [6] nach Italien berufen wurde.

---

[6] Die bevorstehende Belagerung von Khartoum zwang Herrn Legnani die Hauptstadt zu verlassen: er reiste am Ende Dezember 1884 ab.

Ich weiß den Grund nicht: aber als ich Italien nennen hörte, deren Schönheit und Zauber ich nicht kannte, kam mir ein sehr lebthafter Wunsch im Herzen, den Herren zu folgen. Er liebte mich, so daß ich es wagte ihn zu fragen, ob er mich nach Italien mitnahm.

Er erklärte mir, daß die Reise sehr lang und teuer wäre. Aber ich drang soviel, daß er mich zufriedenstellte.

Gott wollte das, ich verstand es später. Noch koste ich die Freude aus, die ich damals empfand.

Wir reisten ab. Wir waren: der Konsul, einer seiner Freunde, Augusto Michieli, ein Negerlein und ich.

Wir gingen vereint in einer Karawane vorwärts; nach einigen Tagen Reise traf man auf den Kamelen in Suakin ein.

Etwa einen Monat nachher erhielten der Konsul und sein Freund die traurige Nachricht, daß eine Schar Freibeuter[7] in die Stadt Khartoum eingedrungen war, alles verwüstet und alle Sklaven entwandt habe. Wenn ich dort geblieben wäre, wäre auch ich gewiß geraubt worden, und was wäre mir geschehen?

Sowohl der Konsul als auch der andere Herr wurden um alles bestohlen und bedauerten sehr viel davon.

---

[7] Keine Freibeuter; sondern die Revolutionäre des Mahdis, die schon begonnen hatten, Khartoum zu belagern und bald zu zerstören; es passierte am 26. Januar 1885.

In Suakin hielten wir einen Monat und dann reisten wir mit dem Schiff; fuhren durch das Rote Meer und andere Meere bis nach Genua. Dort nahm man Wohnung in einem Hotel, dessen Besitzer dem Freund des Konsuls gut bekannt war.

Er hatte ihn gebeten, ihm ein Negerlein zu kaufen, weshalb ihm das sofort abgetreten wurde, es war mein Reisekamerad gewesen.

Die Frau des Freundes, Frau Maria Turina Michieli, die gekommen war, ihn zu besuchen, bekam Lust, als sie uns Negerlein sah, und fragte ihrem Mann, warum er keine für sie und ihr Töchterchen Mimmina mitgebracht hätte.

Der Konsul schenkte mich ihnen, um seinem Freund und seiner Frau eine Freude zu machen. Nach kurzer Zeit setzte man die Reise fort.

Der Konsul begab sich nach Padua.

Nichts mehr wußte ich von ihm.

Meine Herren und ich gingen uns nach Mirano Veneto, wo ich drei Jahre lang das Kindermädchen ihres Töchterchens wurde. Diese begann mich zu lieben, und ich war natürlich geneigt, ihr die gleiche Zuneigung zu erwidern.

Nach drei Jahren kehrte ich mit meiner Herrin nach Afrika, nach Suakin, zurück, wo ihr Mann ein großes Hotel besaß. Man blieb dort etwa neun Monate.

Endlich beschloß der Herr, daß die ganze Familie sich dort niederlassen sollte.

Die Frau mußte aber nach Italien zurückkehren, um die Gebäude zu verkaufen und den Hausrat zu verpacken; inzwischen wäre ich mit der Kleinen im Hotel geblieben.

Aber die Frau wollte nicht allein abreisen und erreichte, daß wir beide ihr folgten».

## Afrika, mein Vaterland, lebe wohl!

«Ich sagte Afrika auf ewig Lebewohl aus meines Herzensgrunde.

Eine innere Stimme sagte mir, daß ich es nicht mehr wiedergesehen hätte.

Nach ihrer Rückkehr nach Mirano blieb die Frau etwa zwei Jahre mit uns hier, aber weil sie wieder abreisen mußte, um wiederum nach Suakin zurückzukehren, dachte sie, ihre Kleine und mich einem Internat anzuvertrauen, so daß wir ein wenig Bildung erfahren könnten.

Man erfuhr, daß die Barmherzige Kongregation von Venedig gern Anlaß gegeben hätte, mich im Katechumenat[8] unterzubringen; dort hätte ich mich bilden können.

Das Institut war von den Kanossianischen Schwestern geleitet.

---

[8] Ein vier Jahre zuvor gegründetes Institut, das ungefähr 1848 den Schwestern der Barmherzigkeit abgetreten wurde; sie waren, als 'Kanossianerinnen' bekannt, von dem Namen der Gründerin Magdalena von Kanossa abgeleitet; 1774 in Verona geboren, gründete sie 1808 das Institut der Schwestern der Barmherzigkeit; 1831 jenes der Brüder der Barmherzigkeit. Die Hl. Magdalena starb im Jahre 1835.

Aber die Kleine war schon getauft worden; also, auf welche Weise und für welchen Grund sollte man sie im Katechumenat lassen?

Die Frau wollte uns absolut nicht trennen, so daß der Streit über einen Monat dauerte, ohne zu einem Ende zu kommen.

Der Verwalter der Frau, Herr Illuminato Checchini, ein Mann mit einem goldenen Herzen und einem rechtschaffenen Gewissen, trat in die Sache ein; er hatte dann bis zu seinem Tod († 1904) eine väterliche Liebe zu mir».

Während dieses Monats voll von Erwartung und Unentschlossenheit, schenkte Herr Illuminato Bakhita ein Kruzifix aus Silber.

«Als er mir das Kruzifix gab, küßte er es mit Andacht, dann erklärte er mir, daß Jesus Christus, Gottes Sohn, für uns gestorben war. Ich wußte nicht, was es wäre, aber, von einer geheimnisvollen Kraft veranlaßt, versteckte ich es aus Angst, daß die Frau es mir nähme.

Früher hatte ich niemals etwas versteckt, denn ich hing an nichts. Ich erinnere mich, wie ich es heimlich anschaute und etwas in mir fühlte, das ich nicht zu erklären wußte.

Herr Illuminato wartete sehr darauf, daß ich zum Katechumeninstitut zugelassen wurde, daß er sein Wort schriftlich und auf Stempelpapier gab:

falls Frau Turina ihre Pflicht nicht erfüllt hätte, hätte er selbst das Kostgeld bezahlt.

So wurden beide im Katechumenat angenommen.

Die Kleine und ich wurden Schw. Maria Fabretti (1832-1910) anvertraut, welche der Bildung der Katechumen bestimmt war.

Ich kann mich nicht, ohne zu weinen, an die Fürsorge erinnern, die sie für mich hatte. Sie wollte wissen, ob ich den Wunsch hätte, Christin zu werden.

Als sie hörte, daß ich es wünsche und schon mit dieser Absicht gekommen war, jubelte sie vor Freude.

Da lehrten mich jene heilige Schwestern mit einer heldenhaften Geduld und machten mir Gott bekannt, den ich von der Kindheit auf im Herzen fühlte, ohne zu wissen, wer er sei.

Ich erinnerte mich an was ich vor mich hin sagte, jedesmal wenn ich die Sonne, den Mond und die Sterne, die Schönheiten der Natur sah: "Wer mag wohl der Herr all dieser Dingen sein?". Und ich empfand eine große Lust, ihn zu sehen, ihn zu kennen, ihn zu huldigen.

Und jetzt kenne ich ihn. Danke, danke, mein Gott!

Als Frau Turina mir im Internat begegnete, war sie schon auf der Türschwelle, sie drehte sich um, um mich begrüßen, und sagte mir:

«Hier ist da, das ist dein Haus».

Sie sagte es genau so, ohne den wahren Sinn der Worte zu erforschen.

Oh, wenn sie vermutet hätte, was dann geschah, mich nicht dorthin geführt».

**Die Entscheidung ihres Lebens**

«Etwa neun Monaten danach kam Frau Turina um ihren Anspruch auf mich zu fordern.

Ich weigerte mich, ihr nach Afrika zu folgen, denn ich war für die Taufe noch nicht wohl gebildet. Ich dachte, daß ich auch nach der Taufe die neue Religion nicht hätte ausüben können; deshalb war es günstiger für mich bei den Schwestern zu bleiben.

Sie geriet in Wut und beschuldigte mich, ihr gegenüber undankbar zu sein, denn ich ließ sie allein abreisen, während sie mir viel Gutes getan hätte.

Aber ich war in meinem Gedanken entschlossen.

Sie sagte mir viele, viele Gründe, aber keinem beugte ich mich.

Dennoch litt ich, sie so angewidert zu sehen, weil ich sie wirklich liebte.

Gott war es, der mir so viel Festigkeit einflößte, denn er wollte mich allein für sich. Oh, welche Güte!

Am nächsten Tag kam sie in Gesellschaft einer Frau wieder, und versuchte wieder die Probe mit den härtesten Drohungen. Aber es war alles vergebens.

Sie gingen verärgert weg.

Der Rev. Obere des Instituts, P. Jacopo de' Conti Avogadro di Soranzo, schrieb S.Em. dem Patriarch Domenico Agostini (1815-1891) über die Sache.

Dieser wandte sich an den Königsstaatsanwalt, welcher behauptete, daß ich ganz frei war, denn ich befand mich in Italien, wo man keinen Sklavenhandel macht.

Auch Frau Turina begab sich zum Königsstaatsanwalt, weil sie glaubte, daß ich ihr folgte; sie erhielt aber eine gleiche Antwort.

Am dritten Tag, ist sie wieder zum Institut mit der selben Frau und einem ihrer Schwäger, Militärunterführer gekommen. Es waren auch S.Em. der Patriarch Domenico Agostini, der Vorsitzende der Barmherzigen Kongregation, der Hausobere und einige Schwestern des Katechumenats dabei.

Zunächst sprach der Patriarch. Es folgte danach eine lange Auseinandersetzung, die zu meinen Gunsten beendet wurde.

Vor Wut und Bedauern weinend, nahm Frau Turina ihr Töchterchen, die von mir nicht loskommen wollte, weil sie dachte, daß ich ihr folgen würde.

Ich war so ergriffen, daß ich kein Wort sagen konnte. Ich verließ sie weinend... Und ich verabschiedete mich, zufrieden, denn ich hatte nicht nachgegeben.

Es war der 29. November 1889».

Dieses Datum - 29. November 1889 - bezeichnet die offizielle Freilassung von Bakhita. Bei dieser Gelegenheit war es wohl klar, daß Frau Turina Bakhita als ihre Sklavin betrachtete, über die sie nach ihrem Belieben verfügen konnte.

Bakhita hatte die Wahl ihres Lebens getroffen.

Mit dem Verzicht, nach Afrika zurückzukommen, verzichtete sie auf Alles, um "Alles" zu erreichen.

Auch wenn sie noch nicht getauft war, wirkte in ihr die Wirksamkeit des «wahren Lichtes, das jeden Menschen erleuchtet, wenn er auf die Welt kommt» (vgl. *Joh* 1, 9).

## «Oh, unvergeßliches Datum!»

«Nachdem ich in das Katechumenat eintrat und meine Bildung beendete, erhielt ich die heilige Taufe mit einer Freude, die nur die Engel beschreiben könnten, am 9. Januar 1890.

Es wurde mir der Name Josephine Margarete Bakhita gegeben, der auf Arabisch glücklich heißt.

Am selben Tag erhielt ich die Firmung und die Kommunion.

Oh, welches unvergeßliche Datum!».

Bakhita wurde vom Patriarch Venedigs, Kardinal Domenico Agostini, in der, vom Hl. Johannes dem Täufer geweihten Kirche des Katechumenats, getauft und gefirmt.

Ihr Pate war Graf Marco Avogadro di Soranzo, in Vertretung der Frau, Gräfin Giuseppina, die seit Tagen erkrankt war. Ihre Firmpatin war Frau Margherita Donati.

Mit ihr waren auch die Kanossianischen Schwestern, besonders Schw. Fabretti, ihre Katechetin, dann Herr Checchini mit seiner ganzen Familie. Auch viele andere Leute nahmen an der Feier teil, die sich mit Josephine freuen wollten; die Kirche und die Umgebung waren mit Menschen gefüllt.

Josephine Margarete Bakhita erinnerte wohl, und mit tiefer Dankbarkeit, an die liebenswürdige Figur des Konsuls Callisto Legnani und an die entscheidende Rolle, die er hatte, um ihr die größte Gnade ihres Lebens zu geben.

Für ihre wirkliche Anwesenheit, oh welcher Tag der Tage!

«Ich blieb vier Jahre im Katechumenat; während dieser Zeit hörte ich eine süße Stimme, die immer klarer im Innersten meiner Seele wurde, und ließ mir wünschen, eine Ordensschwester zu werden. Schließllich sprach ich mit meinem Beichtvater darüber. Er flüsterte mir ein, von meinen Wunsch der Hausoberin, Schw. Luigia Bottesella (1818-1906), zu berichten, die der Oberin des Mutterhauses von Verona, M. Anna Previtali (1829-1897), darüber schrieb.

Die gute Mutter gewährte nicht nur die Anfrage, sondern fügte auch hinzu, daß sie selbst die Befriedigung haben wollte, mich mit dem heiligen Kleid anzuziehen, und zu seiner Zeit meine Gelübde anzuerkennen.

Am 7. Dezember 1893 trat ich ins Noviziat, gerade ins Katechumenhaus von Venedig ein. Nach eineinhalb Jahren (21-6-1895) wurde ich (nach Verona) für die heilige Einkleidung gerufen. Einige Monate vor Ende dieser drei Jahre, kam ich nach Verona zurück, um mein heiliges Gelübde abzulegen (8-12-1896).

Gott erlaubte so den Wunsch der M. Previtali zu erhören, die einen Monat nachher, am 11. Januar 1897, in das Jenseits einging».

Gemäß den Zeitregeln mußte die Anwärterin aufs Gelübde von einem Vertreter der Kirche geprüft werden. Der Kardinal Giuseppe Sarto (1825-1914), damals Patriarch von Venedig (und zukünftiger Hl. Pius X.), war es, der Schwester Josephine geprüft hat.

Der Patriarch verabschiedete sie mit diesen Worten:

«Legen Sie die heiligen Gelübde ohne Fürchte ab.

Jesus will Sie, Jesus liebt Sie. Sie, lieben Sie ihn und dienen Sie ihn immer so».

Am 8. Dezember 1896 legte Bakhita die heiligen Gelübde in Verona ab, im Mutterhaus des Instituts der Barmherzigen Töchter.

Die Nachrichten des Hauses berichten, daß «sie sehr gefeiert wurde, und daß Kardinal Luigi Canossa (1809-1900), Neffe der Gründerin Maddalena di Canossa, sie in seinem Palast empfangen wollte».

«Nachdem ich die Medaille der Schmerzensjungfrau bekam, mit voller Befriedigung der Rev. Mutter Oberin, wurde ich in der Gemeinschaft eingeführt.

Es war das Fest der Unbefleckten Empfängnis des Jahres 1896.

An jenem Tag sind vierzehn Jahre christlichen Lebens vergangen, im Laufe derer ich die Güte Gottes mir gegenüber immer mehr kennengelernt habe.

Ich bitte heftig alle lieben Schwestern, die meine Schrift lesen werden, diesem vorsorglichen Herren ein dauerndes Dankestribut zu leisten und ihm anzuflehen, daß er mir die Gnade erweise, um sie ihm immer besser erwidern zu können».

Kanossianisches Haus,
Via Fusinato, 51
Schio, 1910

«Die Heilige Jungfrau hat mich geschützt, auch wenn ich sie nicht kannte» (Bildhauer: Albert Noaka).

# DRITTER TEIL

Wir empfanden einen sehr starken Wunsch auf die kleinsten Einzelheiten einzugehen, um zu entdecken, wie Bakhita im Naturzustand war, daß heißt «als sie Gott nicht kannte».

Wir begegnen sofort einem kleinen Mädchen, die die Naturphänomene betrachtete und sich fragte: «"Wer mag wohl der Herr all dieser Dinge sein?". Und ich empfand - gesteht sie - eine große Lust, ihn zu sehen, ihn zu kennen, ihn zu huldigen».

Der Heilige Augustin würde es so besprechen: «Du würdest Ihn nicht suchen, wenn du Ihn nicht schon gefunden hättest».

In der Tat brauchte Bakhita nicht, auf die Suche nach Gott zu gehen, denn Gott war schon in ihrem Herzen.

Zum Beweis dafür, dienen die von ihr selbst berichteten Bezeugungen über die Befolgung jenes heiligen Gesetzes, das Gott sich «mit seinem eigenen Finger» in die Herzen aller Menschen» zu schreiben freut (cf. *Ger* 31, 31).

Sie machte nie Gebrauch von den Sachen der Herren, nicht einmal wenn sie Hunger litt. Sie erfüllte immer ihre Pflichte als Sklavin und versuchte, gehorsam zu sein.

Ihre Sklaverei begann gerade mit einer raschen Gehorsamstat ihren Räubern gegenüber.

«*Ich beeilte mich zu gehorchen, wie ich es immer mit meiner Mutter machte*».

Auf gleiche Weise war es ein heldenhafter Gehorsam, den sie drei Tage hintereinander wiederholte, als sie der schrecklichsten Folter, dem Winden der Brüste, auferlegt wurde, als wären sie nackte Lumpen. So stechend war der Krampf, als sie in Ohnmacht fiel (Sum. 92, 190). «*Trotzdem* - vertraute sie sich an -, *als der Herr mich rufen ließ, lief ich, sank in die Knie und wartete auf ihre Befehle. Die Folter wurde drei Tage hintereinander wiederholt*».

Wenn man sie fragte, ob sie sich so benähme, weil sie dachte, daß Gott sie sah, antwortete sie: «*Ich kannte Gott nicht; ich machte es denn ich fühlte in meinem Innern, daß ich mich auf diese Weise benehmen sollte*» (Sum. 138, 286).

Als man sie mit Rücksicht fragte, ob sie während ihrer langen Zeit als Sklavin mißbraucht worden wäre, antwortete sie: «*Ich bin mitten in den Schlamm gelegt worden, aber ich habe mich nicht beschmutzt*». Mehrmals wiederholte sie: «*Von Gottes Gnaden bin ich immer bewahrt gewesen*» und «*Die Jungfrau hat mich beschützt, obwohl ich sie nicht kannte*», und sie wiederholte: «*Bei verschiedenen Gelegenheiten habe ich mich von einem Höheren Wesen beschützt gefühlt*».

Aber was uns mit stummen Erstaunen erfüllt, ist ihre Haltung gegen diejenigen, die sie peinigten: kein Groll, im Gegenteil, Mitleid und Verzeihung.

Hier ist eine andere, sehr wichtige Einzelheit: «*Auch wenn ich Grund zu Niedergeschlagenheit und Melancholie hatte, als Sklavin bin ich nie in Verzweiflung geraten, denn ich fühlte eine geheimnisvolle Kraft in meinem Innern, die mir beistand*».

Die Tatsachen zeigen mit Offensichtlichkeit, daß Bakhita ein folgsamen, sanftmütigen Charakter und außerordentliche Empfindlichkeit und Zartgefühl aus der Natur erhalten hatte.

Sie hatte eine starke Neigung zu lieben und geliebt zu werden. Bakhita hatte die Gelegenheit, diese Leidenschaft sowohl in der Familie als auch dann, während ihres harten Lebens als Sklavin, zu genießen und zu leiden. Sie schätzte die kleinste gute, zärtliche Tat, wer auch immer sie spendete.

Höchstes Leiden, als sie es vorenthalten war.

Viele haben die Fügsamkeit ihres Charakters unterstrichen; dieser hinderte sie aber nicht, sich wider die verlockenden Versprechen eines leichten Lebens und in ihrer Heimat aufzurichten, wenn das ihren christlichen Glauben gefährden konnte.

Diejenige, die sich «*als Sklavin, für ein Eigentum ihrer Herren*» hielt, als sie vor die Alternative gestellt wurde, ein sofortiges, schon bekanntes Gute zu wählen, wurde sie Herrin über sich selbst und sie entschied sich für das

Unbekannte, das für das Leben sichere und wichtigere war.

In der Zärtlichkeit des Herzens, der Sanftmütigkeit der Natur wußte sie eine unerschütterliche Seelenstärke zu vereinen, und mit klarer Einsicht, denn sie war beständig, vom "sich vom Wort widergespiegelten Licht" erleuchten (cf. *Gv* I, 9).

«Man soll übereinstimmen: diese sind nicht die Gefühle, die gewöhnlich im Herzen aller derer stehen, die gehorchen und sich Beraubungen und Mißhandlungen unterziehen müßen; diese sind eher Aufruhrs- und Haßgefühle, vielleicht ohnmächtig, in Anbetracht der Umstände, aber um so stärker als unausführbar. Es war nicht so für unsere Bakhita» (Relatio et Vota, s. 23).

A. Scurani bespricht: «Bakhita durchlief alle Etappen der christlichen Erfahrung, noch bevor sie sie kannte. Sie war mit Jesus auf dem Golgotha, lernte die Armut, die Fügsamkeit, die Demut, die Verzeihung der Beleidigungen kennen. Von Kindheit an betrachtete sie Gott in der Helligkeit der Himmel und in der Pracht der afrikanischen Felder; sie wurde von Christus zur Freiheit gerufen, noch bevor sie Christin wurde».

Wir müßen zugeben, daß die Gnade Gottes große Dinge in der Seele dieser jungen Afrikanerin bewirkt hatte. Wir müßen auch betrachten, daß Bakhita außergewöhnliche Naturgaben hatte.

Wenn wir ihre Erzählung aufgreifen, bemerken wir ihre erzählerische Spontaneität und die Lebhaftigkeit der Einzelheiten, die einige Szenen in all ihrer groben Natürlichkeit uns vor Augen halten.

Es ist wahr, daß der Erzählungsstil einfach ist und einige Lücken zeigt. Aber dafür, beweist diese ungebildete, naive Erzählerin sehr mitteilsame Gaben zu haben.

Und noch mehr. Einige Einzelheiten, auf die sie sich ohne Kunstmittel bezieht, heben sofort ihre vornehme sittliche Persönlichkeit hervor.

Es genügt, einige Episoden ihrer Erzählung zu lesen: die Gefangennahme, die Flucht, ihre zärtlichen Ausdrücke und ihre Phantasien bezüglich ihrer Lieben, als sie ganz allein in einer Hütte krank war; die Einzelheiten der Tätowierung sind halluzinatorisch; ganz lebhaft, vor unseren Augen, die Täter: die ihre Peitsche schwingende Herrin, die Frau der Tätowierung, mit dem Rasiermesser in der Hand, die Opfer, die abwechselnd auf den Boden gelegt wurden.

Als sie um die Reihe kam, entging sie der Gefahr mit diesem bedeutungsvollen Ausdruck: «*Ich bin davon nicht gestorben, denn der liebe Gott hatte mich zu "Besten Dingen" bestimmt*».

Gerade im Genuß dieser "besten Dingen", erweist sich die ganze Bakhita.

Sie erzählt: «*Als Schw. Fabretti hörte, daß ich Christin werden wollte, jubelte sie vor Freude, und*

Venedig - Catechumenkirche, das Taufbecken, wo Bakhita «eine echte Tochter Gottes» wurde.

*ich kannte so jenen Gott, den ich seit meiner Kindheit im Herzen fühlte, ohne zu wissen, wer er sei».*

Endlich, als sie das höchste dieser besten Dinge - die Taufe - erreicht, erfüllt sie ihre Seele voll mit Licht, so daß sie deswegen verklärt scheint (Doc. 356).

## "Die beste Dinge"

Nachdem wir den langen Weg von Unfällen und Ereignissen, von Schatten und Lichter zusammen zurückgelegt haben, den die göttliche Vorsehung schon seit Jahren ins Werke gesetzt hatte, um Bakhita bis zum Taufbecken zu tragen, hören wir jetzt die Ankündigung davon aus ihrer selben Stimme:

«*Nachdem die Zeit meiner Bildung beendet war, erhielt ich die Heilige Taufe mit einer Freude, die nur die Engel beschreiben könnten*».

Es war am 9. Januar 1890.

Wir haben die Beschreibung dieses wichtigen Ereignisses aus der Feder einer Zeugin, Frau Giulia della Fonte Sponza. Sie wohnte im jenem Palast, dem Katechumenat gegenüber, und wurde zur Freundin Bakhitas seit ihrer ersten Ankunft in Venedig.

«Es kam der schöne Tag, und ich war in erster Reihe in dem Kirchlein des Instituts, unbeweglich, und verfolgte aufmerksam den feierlichen Gottesdienst. Ich kann nicht wiederholen, was ich in jener seligen Stunde fühlte; obwohl ich nur ein Kind war, war ich sehr ergriffen.

Als der Gottesdienst endete, wurde ich zum Empfang im Sprechzimmer mit meiner Mutter und meiner Tante eingeladen. Außer dem Kardinal Agostini waren dort zahlreiche Priester und viele Herren und Damen. Ich stand ein wenig beiseite, aber zur gleichen Zeit versuchte ich mich bei meiner Freundin bemerkbar zu machen. Ich wollte auch nahe an sie herankommen und sie küßen, wie die Schwestern und die Damen gemacht hatten.

Sie sah mich, lächelte mir zu, rief mich nahe herbei und küßte mich, und ich blieb immer bei ihr, zufrieden.

Ich wünschte, daß das Fest nie endete.

Ich erinnere, daß es Süßigkeiten und Getränke gab, aber ich kostete nichts. Nicht einmal Bakhita aß, die alle jetzt Josephine nannten.

Als alle weg gingen, lud sie der Rektor des Katechumenats, P. Jacopo dei Conti Avogadro, ein alter, guter Mann, zu Mittag ein, und er lud auch mich ein. Wir drei aßen allein, von der Hausangestellten des Priesters bedient.

Josephine war glücklich.

Im Gesicht hatte sie nicht mehr diesen traurigen Anschein, den sie zu haben pflegt.

Sie schien verklärt.

Sie sprach wenig, aber die Glücklichkeit durchschien all ihre Taten, all ihren Ausspruch.

Ich fragte sie, was sie während des Festes in ihrem Innern gefühlt hätte. Sie wußte mir nicht antworten und machte nichts anderes, als mich liebzukosen und zu lächeln.

Ich erinnere mich, daß ich ihr die Hände küßte, weil ich mir das Bild von ihr gemacht hatte, daß sie heilig wäre.

Zu Hause hatte man mir gesagt, daß die Taufe uns heilig macht, sie wäscht uns alle Makel ab, und wird die Seele reinweiß lassen.

Ich schaute Josephine ins Gesicht und versuchte, ihre weiße Seele zu erblicken.

Das Kommen und Gehen setzte sich bis zum Abend fort, als Josephine, endlich in Ruhe, das Fest ihrer Erlösung beschloß».

## Das Fest war nicht für alle beschlossen

Aber das Fest war nicht für alle beschlossen.

Herr Checchini stand den ganzen Tag ruhig auf den Beinen und gewährte, daß Josephine andere zufriedenstellte; aber dann wollte er sie ganz für sich und seine Familie.

Es war ein großes Fest. Die Zuneigungsspontaneität und die großmütige Gastfreundlichkeit wiederholten sich oft, und manchmal blieben die Gäste mehrere Tage stehen.

Besser gesagt, da Herr Checchini die Kanone des Katechumeninstituts kannte, sah er voraus, daß Josephine ein Jahr nach der Taufe frei und zufrieden gewesen wäre, seinem herzlichen Vorschlag zuzustimmen, in seine Familie als wirkliches Mitglied einzutreten.

Seine Frau und alle Söhne waren sehr sehr zufrieden damit.

Das Geschäft schien schon abgeschlossen, natürlich ihrerseits, nicht von Josephines Seite her, die auch wenn sie sich dankbar für ein solch großes Angebot erwies, widerspenstig erschien, ihm zuzustimmen.

Warum nur?

Denn der “wahre Mitwirkende im Vordergrund” war ihm zuvorgekommen.

Die Neophytin fühlte einen Ruf im tiefsten ihres Herzens, der immer klarer wurde und der sich schon am selben Tag ihrer Taufe angekündigt hatte. Ein Ruf, der, wenn er verwirklicht sein wird, einen ganzen Kranz von diesen “Besten Dingen” krönen wird, zu dem Gott sie ausgewählt hatte.

Josephine Bakhita strebte danach, Barmherzige Tochter zu werden.

Auch in dieser Angelegenheit erwies sich klar der Plan Gottes.

Die Oberin des Mutterhauses von Verona, M. Anna Previtali (1829-1897), genehmigte sehr günstig den Aufnahmeantrag der jungen Afrikanerin ins Institut der Barmherzigen Töchter.

Nachdem sie die verschiedenen Stufen des Noviziats bestand, legte Josephine Bakhita am 8. Dezember 1896 das Gelübde in Verona ab, im selben Haus, wo die Gründerin - Hl. Maddalena di Canossa - lebte und gestorben war.

Sie hatte den Höhepunkt der "Besten Dinge" erreicht.

Einige Jahre später, als sie gefragt wurde, warum sie eine solche Wahl getroffen hätte, faltete M. Josephine die Hände, erhob die Augen zum Himmel und antwortete: «*Der Herr hat mich erleuchtet*»..

Und noch: «Aber wie sind Sie dazu gelangen?».

«*Um die Wahrheit zu sagen, weiß ich es nicht: Er hat alles gemacht*» (Doc. 42).

M. Josephine steht bereits zur vollen Verfügung ihres guten Herren, der sie führt, wo Er weiß, daß sie seine Pläne besser verwirklichen könne.

So wird sie von Venedig nach Schio versetzt.

Empfindlich wie sie war, konnte die junge Schwester nicht ohne schmerzliche Erinnerung das Haus verlassen, das wirklich *ihr Haus* geworden war. Mit den von Tränen feuchten Augen, warf sie einen anhaltenden Blick auf das große Kruzifix des Sprechzimmers, dem sie die Kraft entnommen hatte, dem Dringen von Frau Michieli und dem betrübten Weinen ihrer sehr geliebten Mimmina standzuhalten, als diese Druck auf sie ausübten, damit sie mit ihnen nach Afrika ginge.

Ein letztes Mal ging sie zur Kirche, küßte das Taufbecken, während sie sich selbst mit erneuerter Rührung wiederholte: «*Hier bin ich eine wahre Tochter Gottes geworden*».

Nachdem sie alle Mitschwestern zärtlich und dankbar umarmte, besonders die Oberin und Schw. Maria Fabretti, ihre "Mutter im Geist", ging die gute Schwester weg; sie war zuversichtlich, daß jener Gott, der sie bis dahin Schritt für Schritt geführt hatte, auch in Zukunft mit ihr gewesen wäre.

Und das genügte ihr.

## In Schio

Die anmutige, arbeitsame Stadt in der Provinz von Vicenza, Norditalien, erhebt sich am Ufer des Leogras und liegt an Bergen, die von der

Geschichte des Ersten Weltkriegs von 1915-1918 geritzt wurden.

Die Einwohner sind herzlich in den Beziehungen und sehr zäh in der Arbeit, daß seit damals schon Schio für seine Industrieprodukte in der Heimat und im Ausland berühmt war.

Die Barmherzigen Töchter, als Kanossianerinnen bekannt, hatten sich seit 1886 in Schio, in der Fusinatostraße, niedergelassen, aus dem Willen und der Freigebigkeit von Frau Luigia Rossi. Das von ihr versorgtes Haus wurde sofort eine Stelle von erziehenden und apostolischen Werken: Kindergarten, Grundschule, Lehrerbildungsanstalt, Stickerei- und Zuschneideschule; Waisenhaus, Schülerheim, feierliches Oratorium, katholische Vereinigungen für jede Gruppe und Alter.

M. Josephine Bakhita kam nach Schio im Jahre 1902.

Es war in diesem Haus, daß sie ihre Oberin, M. Margherita Bonotto (1846-1929), 1910 bat, ihre Geschichte zu erzählen, die wir ohne irgendwelche Abänderungen berichtet haben.

Im Kanossianischen Haus von Schio hatte Schw. Josephine wirklich die Gelegenheit, *«alles was sie gefragt worden wäre»* zu tun, wie sie sich in ihrer Zulassungsanfrage bereit erklärt hatte; sie verwirklichte auf diese Weise die Gemütsverfassung, die ein wesentliches Erfordernis des kanossianischen Geistes ist.

Mit so großer Herzensgüte und Willenskraft ging sie von der Küche zur Sakristei, zur Portiersloge, in den Arbeitsraum.

Vor dieser Reihe von Aufgaben, allen häuslichen, wie man zu sagen pflegt, wird eine sehr zugehörige Frage gestellt.

Wie konnte Schw. Josephine den typischen, überwiegend apostolischen Geist der Barmherzigen Töchter erfüllen, wenn sie fast immer zwischen den vier Mauern eines Klosters beschäftigt war?

In ihrer Einfachkeit hatte Schw. Josephine, die sicher vom Heiligen Geist erleuchtet war, das Problem gelöst, ohne daß sie sich es nicht einmal gestellt hätte. Für sie war der Tag, in dem sie «mit Christus begraben und mit ihm auferweckt» (*Röm* 6, 4) wurde, solch eine Erfahrung, die sie nicht nur für sich behalten konnte: allen sollte sie verkündigen, «wie mächtig über uns seine Huld waltet, die Treue des Herrn währt in Ewigkeit gut» (vgl. *Ps* 117, 2).

Diese leidenschaftlichen Gefühle wurden in einem Gebet geäußert, das sie am 8. Dezember 1896, den Tag ihrer völligen Spende-von-sich an Gott, spontan aussprach:

*Oh, mein Herr,*
*könnte ich dort unten, bei meinem Volk, fliegen,*
*und alle Deine Güte mit lauter Stimme predigen.*
*Oh, wieviele Seelen könnte ich für dich gewinnen!*

*Unter den ersten, meine Mama, meinen Papa,*
*meine Brüder, meine Schwester, noch Sklavin...*
*alle, alle arme Neger in Afrika,*
*mach es, Jesus, daß auch sie dich kennenlernen*
*und dich lieben!*

Es war diese sehr missionarische Erleuchtung, die dem ganzen Wirken von M. Josephine Bakhita den Ton gab.

## Gründlich Missionarin

Um ihre glühende missionarische Sehnsucht zu verwirklichen, began M. Josephine aus Liebe und Güte zu Gott alles zu tun, was man ihr jedesmal erteilt wurde.

Während ihres Aufenthaltes im Katechumenat hatte sie das feine Handwerk der Weißstickerei gelernt und schmückende Artikel mit den berühmten Perlen aus Venedig angefertigt.

Als man sie jedoch, nach Schio versetzt, gefragt hatte, in der Küche zu arbeiten, wandte sie ihre ganzen Tatkräfte und ihre Intelligenz an, um eine solche Aufgabe aufs beste zu erfüllen.

Tatkraft und Intelligenz hätten sie aber wenig weit gebracht, wenn das Herz jener immerhin schwierigen, aufreibenden Arbeit ferngestanden hätte.

Es gibt noch Leute, die behaupten, daß sie mit ihren Menüs auch die Zöglinge zufriedenstellen

In der afrikanischen Kultur wird die Mutterschaft sehr geehrt. (Schnitzerei aus Mahagoni. Nyundo Kunstschule).

konnte: das reicht, um einer Köchin die "laurea honoris causa" zuzuteilen.

Nachdem sie sie erlangte, mußte sie sich bald auch mit einer anderen Aufgabe beschäftigen.

Wegen des Krieges von 1914-1918 wurde ein Teil der Gemeinschaft und der Zöglinge nach Mirano Veneto evakuiert, so daß, wer dort blieb, mehr als eine Aufgabe auf sich nehmen mußte.

Schw. Josephine wurde der schöne Glücksfall zuteil, sich auch mit der Sakristei zu beschäftigen, wo sie sich natürlich sofort wie zu Hause fühlte, denn sie verbrachte einen Teil ihrer Zeit genau in der Anwesenheit ihres "Paron", des guten Herrn.

Von dieser Zeit haben wir das Zeugnis von P. Bartolomeo Cesaretti, O.F.Cap. (1877-1970), Militärseelsorger des Krankenhauses Nr. 55, im kanossianischen Institut von Schio kaserniert, «wo - behauptet der Zeuge - ich seit dem 25. November 1916 bis zum 18. Januar 1919 Dienst leistete. Wegen Priestermangels sollte ich als Kaplan in der Kirche der Schwestern arbeiten».

Zu dieser Zeit «kannte ich sehr gut eine afrikanische Schwester, die alle "Madre Moretta" (italienischer zärtlicher Spitzname, der "Schwester Brünette" heißt), nannten. Sie erschien immer mit Demut und Einfachkeit.

Eine ihrer Beschäftigungen war die Sakristei. Ihre Genauigkeit und Sorgfalt in dieser Aufgabe bewiesen ihren großen Glauben an die Eucharistie.

Mit viel Zufriedenheit und Freude bereitete sie den Altar vor und das Kirchengerät für die Messe. Sie drückte sich oft mit Worten aus, die ihren Glauben zeigten und Güte und Vertrauen anspornten. «El Paron... el Segnor» (der Herr, Gott), wiederholte sie, aber auf eine solche Weise, die auch das Gemüt der Soldaten eroberte».

In seinem Zeugnis spricht P. Bartolomeo auch von den Zellen der Kanossianerinnen. «Ich habe ihre sehr hohe Armut geschätzt. Es gab bei jeder ein Bett aus Holz mit Strohlager, einen Stuhl und einen kleinen Tisch; an einer Wand war ein kleines Bild der Jungfrau und ein Kreuz. Die Zelle von M. Bakhita war auch ärmer als die anderen, denn sie lehrte nicht und hatte daher keine Feder, weder Bücher oder etwas anderes».

M. Josephine verlor nie Zeit; sogar die Offiziere hatten diese Einzelheit bemerkt. Und sie antwortete rasch bei ihren Besprechungen: «*Auch Jesus arbeitete*».

In der Tat war sie ziemlich langsam in den Bewegungen, aber es gelang ihr alles zu tun. «Besser noch, sie gab oft Anlaß, die Schwestern zu vertreten» (Sum. 36, 68).

Recht bald hatte sie eine Aufgabe, die eine dauernde, zuvorkommende Aufmerksamkeit erforderte: M. Josephine war Portiere geworden.

Als sich am ersten Morgen die Mädchen der Schule von Mutter Josephine empfangen sahen, schien es, daß sie gerufen hätten:

«M. Moretta Portiere?! Oh, von Gott gesegnete, welche Freude!».

Es war damals sicher keine übliche Sache, an der Tür einer italienischen Schule von einer afrikanischen Schwester empfangen zu werden. Aber M. Bakhita machte alles mit einer Liebeseinstellung, nach einem Ideal trachtend, das jenseits und über allem lag.

Die Kleinen des Kindergartens kamen von ihren Müttern begleitet, welche, mit der "guten Schwester" bald vertraut geworden, jede Ausrede suchten, um mit ihr auch nur ein kleines Wort wechseln zu können. Ihrerseits sparte M. Josephine keine Zeit und kein Opfer, nur um alle zu befriedigen.

Welch Zauber!

Na ja, M. Josephine besaß den Zauber der geistlichen Eingebung, denn sie würzte all ihr Sagen oder Tun mit der Salbe des Gebets und des Opfers.

Das ist das Geheimnis ihrer Beliebtheit in Schio und anderswo.

## ZEUGIN VON CHRISTUS

---

Das ganze Leben Bakhitas war eine Zeugung der präventiven Liebe von Christus dem Erlöser.

Würde M. Bakhita aus Liebe zu Gott und zu seinen Missionen zustimmen, so viel Leuten wie möglich «die Wunder Gottes» mitzuteilen, sich auf das engmaschige Netz der Kanossianischen Häuser in Italien zu bewegend?

Auch wenn Bakhita außergewöhnliche Schwierigkeiten voraussah, beugte sie den Kopf nach dem ersten Obedienzzeichen und sagte: «*So der Paron will*».

Übrigens war der Zweck mehr als bezaubernd für ihr Herz, der es wünschte «Christus bekannt machen um ihn liebenswert zu machen» (M. di Canossa). Sie nahm ihn rasch und mit Fügsamkeit an.

So begann M. Josephine 1935 sich oft von einem Ort zum anderen zu begeben, den Einladungen der lokalen Oberinnen folgend, welche die dramatischen Abenteuer, deren Hauptperson der erwartete Gast gewesen war, schon kannten.

Ihre Pilgerschaftskameradin war M. Leopolda Benetti (1867-1964), welche sechsunddreißig Jahre in einer Mission in Shensi (China) verbracht hatte: die abenteuerlichsten Jahre, die man sich vorstellen könne.

Die alte Missionarin führte dem Publikum das Thema ein: "Die kanossianischen Missionen" und "Eine lebende Zeugin des Glaubens". Und es handelte sich um M. Josephine.

Von Natur aus schüchtern, und jeder Öffentlichkeit widerstrebend, wie sie war, wurde sie wirklich gezwungen, sich sehen zu lassen. Dennoch machte sie es mit Unschuld und Einfachkeit, und akzeptierte es, auch die Bühne zu besteigen, denn sie wollten sie wohl nicht nur sehen, sondern sie auch predigen hören.

Ihre Predigt war immer die selbe: «*Seid gut, liebt den Herren, betet für jene Unglücklichen, die ihn nicht kennen. Wüßtet ihr doch, welche große Gnade es ist, Gott zu kennen!*».

Afrika: Mosaikkreuz. Im Sudan war das Christentum seit den ersten Jahrhunderten blühend.

Ein afrikanisches Dorf: in der Mitte ein Spielplatz für die Kinder, ein Treffpunkt für die Erwachsene und eine Esplanade, wo alle tanzen können, den Rhytmus der Trommel folgend.

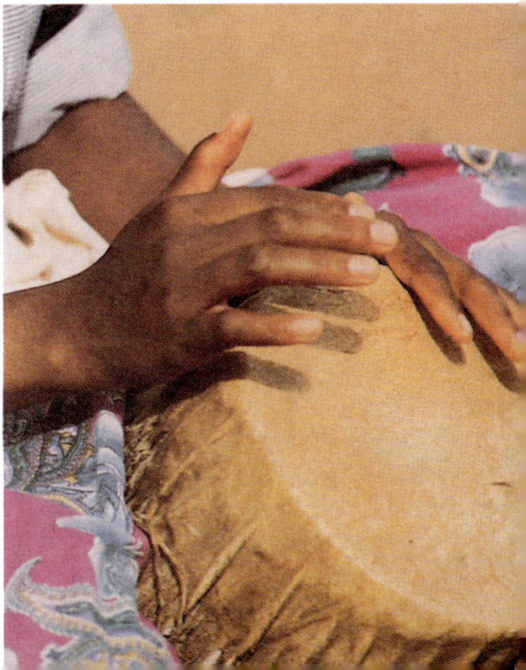

Auf dem Wege nach el Obeid: durch trockene Weiten und buschige Waldungen hat Bakhita mehrere hundert Kilometer zu Fuß durchgegangen.

«Wenn ich die Sonne, den Mond und die Sterne sah, sagte ich mir, 'Wer mag wohl der Herr all dieser Dinge sein?' Und ich empfand eine große Lust, ihn zu sehen, ihn kennenzulernen, ihn zu huldigen».

IN HONOREM PRINCIPIS APOST PAVLVS V BVRGHESIVS ROMANVS PONT MAX AN

In der seligen Giuseppina Bakhita
begegnen wir einer hervorragenden Zeugin
der väterlichen Liebe Gottes und einem
leuchtenden Zeichen der immerwährenden
Aktualität der Seligpreisungen.
Sie wollte für Gott allein leben, und mit
heroischer Beständigkeit wählte sie demütig
und vertrauensvolle den Weg, die Treue zur
je größeren Liebe. Sie ließ die Freiheit der
Kinder Gottes leben und nur sich herum
verbreiten.
Sr. Bakhita wird uns vom Herrn als
universale Schwester zurückgeben, damit sie
uns das Geheimnis der wahren
Glücklichkeit offenbart.

*Rom, den 17. 5. 1992*
*Aus der Homilie von Johannes Paul II.*

El Obeid
Die Kathedrale.

Mutter und Sohn mitten in der jubelnden Versammlung.

Khartoum, am 10. Februar 1993. Eine Menge Sudaner, zusammen mit Papst Johannes Paul II. und dem Erzbischof Gabriel Zubeir Waco, im Glauben, Hoffnung und Barmherzigkeit von Christus vereint.

Schio, die Kirche des Kanossianischen Hauses. Unter dem Altar, die Urne mit den irdischen Resten von Giuseppina Bakhita.

Während einer ihrer Wanderungen durch die Provinz von Cremona hatte sie eine erfreuliche Überraschung.

Unter den Schwestern der Heimsuchung, in Soresina, begegnete sie einer afrikanischen Schwester, eine gewisse Schw. Maria Agostina, Sudanerin wie sie, die aus der gemeinen Sklaverei von Don Biagio Verri (1819-1884) befreit worden war.

Lang unterhielten sich beide Afrikanerinnen und Schwestern im Glauben; sie durchliefen wieder zusammen die Etappen, die die göttliche Vorsehung vorbereitet hatte, auch um ihnen diese Wechseltröstung zu erlauben.

Während dieser Zeit (1936-1938) ihres Lebens, der missionarischen Tätigkeit gewidmet, wohnte M. Josephine im Noviziathaus für die Kanossianischen Missionen in Vimercate (Mailand), wo sie als Portiere arbeitete.

Nachdem sie ihre Mission - wahre Mission für sie! - beendete, verließ sie das Haus von Vimercate und fuhr in das von Schio, wo sie die gewohnte Abwechselung von demütigen, dennoch großen Pflichten gern annahm; diese wurden am Ende von schweren körperlichen Störungen unterbrochen, aber es schien, daß es überhaupt nicht den Frieden ihrer Seele verwirrte, denn jedesmal *machte sie nichts anderes, als was der* Paron *wollte.*

Es war aber kein ruhiges Leben in Schio. Denn genau im selben Jahr ihrer Rückkehr, 1939, hatte man die ersten Vorahnungen eines der fürchterlichsten und törichsten Kriege der Welt (1939-1945).

Die ganze kanossianische Gemeinschaft von Fusinatostraße war darin verwickelt; denn, wenn sie während des ersten Weltkrieges den Befehl hatten, die Schulen zu schließen und zu evakuieren, durften während des zweiten die Schwestern ihre Werke fortsetzten, soweit es möglich war.

Die Verantwortung der Schwestern war mit sovielen Jungen zu Hause sehr ernst, um so mehr denn lag Schio über der Flugbahn der Flugaufstellungen, und jedesmal als der Luftalarm erklang, war es eine allgemeine Flucht in die Luftschutzkeller.

Alle versuchten sich zu retten, außer M. Josephine. Auch wenn sie gerufen worden war, bewegte sie sich nicht: «*Laßt sie doch schießen*, sagte sie gutmütig, *der Paron, Er befiehlt*».

Die Leute von Schio wiederholten sich dann vertrauungsvoll: «Wir haben M. Moretta mit uns: sie ist eine Heilige, sie wird uns aus den Gefahren retten».

In der Tat wurde ein Saal der sehr großen Wollfabrik Rossi zertrümmert, aber es gab kein Opfer: von den fünfzig Bomben, die über den Ort - Lisiera genannt - abgeschossen wurden, explodierte keine.

«Wer vertraut auf Gott, behandelt Gott wie Gott».

Aber wieviele Familien von Schio mußten harte Schwierigkeiten ertragen: Männer und Söhne, die an die Front gingen und nie mehr wiederkehrten.

M. Josephine teilte Kummer und Hoffnungen mit allen; sie hörte mit ergriffener Sympathie von den Unglücksfällen vieler junger Mütter und Frauen und hatte für jede von ihnen Glaubens- und Tröstungsworte.

## Zeitweilige und ewige Begehungen

Genau in der Mitte des Weltkrieges, und zwar am 8. Dezember 1943, ist es der fünfzige Jahrestag des christlichen Lebens von M. Josephine Bakhita unter den Barmherzigen Töchtern.

Die Wiederkehr bringt die Gemeinschaft der Fusinatostraße mindestens für einen Tag ins Abseits der rauhen Wirklichkeit der geschichtlichen Zeit.

Aber nicht nur die kanossianische Gemeinschaft: ganz Schio ist in feierlicher Stimmung, denn M. Bakhita gehörte allen.

An diesem schönen Tag besetzte M. Josephine die Ehrenstelle in der Kapelle, auf einen mit Seide und Blumen geschmückten Betstuhl. Der Zelebrant der feierlichen Messe war Mgr. Gerolamo Tagliaferro.

Bakhita, demütig und bescheiden, nimmt alles an und dankt für alles, mit dem Anschein sich zu entschuldigen, soviel Getümmel verursacht zu haben.

Und es gab wirklich ein Getümmel, denn all die gute Leute von Schio wollten ihrer "Beschützerin" gratulieren und danken.

Kurz nach ihrem Fest begann M. Josephine sich körperlich schlecht zu fühlen. Die Diagnosen standen sofort ernst: deformierende Arthritis, Bronchialasthma mit Husten, das durch doppelte Lungenentzündung schließlich verschlimmert wurde.

Dr. Massimo Bertoldi behauptet, daß die Kranke nicht in der Lage gewesen wäre, die Schwere der vorherstehenden Komplikationen zu überstehen.

M. Josephine war sich ihres Zustandes ganz bewußt; als man ihr anbot, die Sakramente zu empfangen, antwortete sie gleich: «*Ja, ja, denn ich will die Gebete hören*». Auch wenn mühsam, folgte sie allen. Sie blieb dann versunken und ruhig für einige Zeit.

Dann flehte sie im Delirium des starken Fiebers: «*Lockert mir die Ketten: sie sind so schwer*» (Sum. 233, 531).

Später erholte sie sich und da es ihr ziemlich besser zu gehen schien, fragte man sie: «M. Josephine, wie geht es Ihnen? Heute ist Samstag».

Nach einigen Minuten murmelte sie: «*Wie sehr ich zufrieden bin! Die Jungfrau... die Jungfrau!*».

Dies waren ihre letzten Worte.

Einige Zeit vorher, auf die Frage einer Schwester: «M. Josephine, wie geht's?», hatte sie geantwortet, fast die Worte deutlich aussprechend:

«*Ich gehe sehr sanft in die Ewigkeit dahin... Ich gehe mit zwei Koffern dahin: der eine enthält meine Sünde, der andere, viel schwerer, die unendlichen Verdienste von Jesus Christus.*

*Wenn ich vor dem Gericht Gottes stehen werde, werde ich meinen häßlichen Koffer mit den Verdiensten der Jungfrau bedecken, dann werde ich den anderen öffnen, die Verdienste von Jesus vorzeigen und dem Ewigen Vater sagen:*

*"Nun beurteilen Sie was Sie sehen".*

*Oh, ich bin sicher, ich werde nicht zurückgeschlagen!*

*Da werde ich mich dem heiligen Peter zuwenden und werde ihn sagen: "Schließ doch die Tür, denn ich bleibe hier"*» (Sum. 157, 334).

Und sie blieb dort: um 20,10 Uhr des 8. Februars 1947.

Sie war endlich in Besitz Desjenigen, den sie gewünscht hatte zu lieben, noch bevor sie ihn kannte.

Bei diesem sofortigen "von Angesicht zu Angesicht" konnte sie mit ihrer "lieben Jungfrau" singen:

> «Meine Seele preist die Größe des Herrn...
> Denn der Mächtige hat Großes an mir getan»
> (vgl. *Lk* 1, 46-49).

Die Leiche wurde in die Aufbahrungskammer neben der Kirche gebracht, am Sonntag, dem 9. Februar.

Das Gesicht der Verstorbenen war natürlich und seelenruhig: so daß, wie sie selbst gesagt hatte, «nicht einmal die Kinder sich davor fürchteten».

Der Leib hielt sich biegsam: die Mütter nahmen die Hand von M. Josephine und setzten sie auf den Kopf ihrer Söhnchen zum Zeichen Schutzes.

Der Gläubigenzulauf war sehr zahlreich und unterschiedlicher Art: demütige, wie auch reiche Leute.

Am Montag abend, während man im Begriff stand, den Sarg zu versiegeln, bekam man einen Anruf von Seiten der Arbeiter aus der Wollfabrik Rossi, in dem man gebeten wurde, die Handlung zu verspäten, denn alle wollten ihre «Mutter» huldigen.

Das Begräbnis wurde am 11. Februar 1947 in der Kirche des kanossianischen Instituts vom Erzpriester des Doms, Mgr. Gerolamo Tagliaferro, zelebriert.

Groß war die Teilnahme der Gläubigen, trotz des sehr häßlichen Wetters.

Die Leiche wurde auf dem Friedhof von Schio im Familiengrab der Herren Gasparella begraben, zum Zeichen der Dankbarkeit und Verehrung für die Verstorbene.

Jetzt ist die sterbliche Hülle Bakhitas in einer Urne unter dem Hauptaltar in der Kirche des Kanossianischen Hauses der Fusinatostraße, Schio, aufbewahrt.

«Das Wort ist glaubwürdig:
Wenn wir mit Christus gestorben sind,
werden wir auch mit ihm leben» (*2 Tim* 2, 11).

## Die geheimnisvollen Wege Gottes

Am Ende des irdischen Erlebens Bakhitas können wir jubelnd mit dem heiligen Paul ausrufen:

«Wir wissen, daß Gott bei denen, die ihn lieben, alles zum Guten führt» (*Röm* 8, 28).

Es ist offensichtlich, und das ergibt sich aus ihrer selben Zeugung, daß Bakhita Gott sehr geliebt hat, noch bevor sie ihn kannte.

Nur in einem zweiten Moment wird sie aber in der langen Reihe von tragischen, schmerzlichen Ereignissen den geheimnisvollen Schluß der göttlichen Wege ablesen, im wirksamen Anhang der inspirierten Worte des Apostels.

Und auch diesselben Sklavenhändler waren nicht geringer als er, trotzdem sie in eine erschreckende Szene eingebaut waren, als sie das Mädchen “Bakhita”, das heißt “die Glückliche”, nannten: sie waren, wie Kaiphas, Propheten ohne es zu wissen (vgl. *Joh* 18, 14).

Wäre das Leben dieses sudanischen Mädchen seinen normalen Ablauf gefolgt, so wären es heute nicht Millionen Katholiken und Nichtkatholiken, die über ihre Figur in Verwunderung gerieten.

Man soll gleich eine Grundursache hervorheben: alle Unglücke, Zwischenfälle, Fehler, die rohen und egoistischen Triebe, die feilen Kompromißbegründungen, all das trug dazu bei, die Pläne der göttlichen Vorsehung zu verwirklichen.

Versuchen wir also, die Etappen davon zusammen zurückzulegen, die so reich an Geheimnis und Unvorhersehbarkeit sind.

Von Anfang an beginnt das Drama auf eine seltsame Weise.

Zwei sind die spielenden Mädchen: die eine ist sieben Jahre alt, die andere dreizehn.

Die Fremden, die plötzlich auf der Szene erschienen sind, trachten nach der Kleinsten.

Warum nicht nach beiden, oder nach der Ältesten? Diese war stärker, schon in der Arbeit unterwiesen, günstiger unter allen Gesichtspunkten.

Aber nein. Die “Kleine” ist es, die sie rauben wollen.

«*Und warum gerade ich?*», wird Bakhita sich dann fragen.

«Der Herr hat dich geliebt und ausgewhält, weil du die Kleinste bist» (cf. *Dtn* 7, 7).

Nachdem sie einem anderen Sklavenhändler verkauft wird, flieht sie von ihm. Gefangengenommen, wird sie wieder verkauft. Denn sie mußte in die nach El Obeid zugewandte Karawane eingefügt werden.

«Einem sehr reichen Mann» abgetreten, wird sie zum Dienst seiner zwei Töchter ausersehen.

Es ist eine gute Anstellung. Aber sie dauert nicht lange.

«*Und es war meinetwegen*, bemerkt Bakhita, *wegen irgend etwas Üblem, das ich begang*» (Ms. 14).

Bis aufs Blut gegeißelt, wurde sie dann einem Armeegeneral der türkischen Armee verkauft: als Sklavin, «*steht sie im Dienst bei seiner Mutter und seiner Frau, beide mit den armen Sklaven sehr unmenschlich. Während der drei Jahre, in denen ich in ihrem Dienst war, kann ich mich nicht erinnern, einen einzigen Tag ohne Wunden verbracht zu haben*» (Ms. 15).

Es war die dunkle Nacht, die den Anfang eines vor Licht strahlenden Tages verkündigen mußte.

Denn «der Herr folgte ihr» (vgl. *Dtn* 2, 7), «trug sie auf dem ganzen Weg» (vgl. *Dtn* 1, 31), um sie zu führen, wohin Er, «der Herr, sie wollte» (vgl. *Jdt* 9, 6).

Der General, von der bevorstehenden mahdistischen Bedrohung getrieben, entschied El Obeid zu verlassen. Er verschleudert viele Sklaven, mit Ausnahme von zehn. Bakhita ist unter diesen, die ausersehen sind, den Herren in die Türkei zu begleiten.

In Khartoum angekommen, wird auch Bakhita zum Verkauf angeboten.

Wer wird ihr Käufer sein, in einer Stadt, wo alles Spannung und Unbeständigkeit ist?

Es wird ein Fremde sein. Ein Diplomat.

Der italienische Konsularagent, Callisto Legnani.

Er zahlt den Preis für sie, und das Mädchen wird sein Gast.

Traumhaftes Leben im konsularischen Haus.

Plötzlich unterbrochen.

Der Konsul muß nach Italien abreisen.

Bakhita wird in Khartoum mit dem Hausmädchen bleiben.

«*Als ich diesen Namen - Italien - nennen hörte, kam mir ein sehr lebthafter Wunsch im Herz, den Herren zu folgen. Er liebte mich, so daß ich soviel drang, bis er mich zufriedenstellte. Gott war es, der das wollte, ich verstand es später...*» (Ms. 22).

Wir sind am Ende des Jahres 1884. Die Revolutionäre des Mahdis sind schon bei den Toren Khartoums.

Die Historiker fragen sich: wie die wenigen Glieder der Karawane von Khartoum weggehen konnten, und die wohl 900 Kilometer bis Suakin zurücklegen konnten, ohne gefangengenommen und umgebracht zu werden?

Ein wahres Rätsel.

Der Schlüssel: Bakhita war unter den Flüchtigen, die Italien erreichen wollten. Für diese einzige Seele rettete Gott die ganze Karawane (vgl. *Apg* 27, 21-22).

Diese machte noch in Suakin halt, als wußte man, daß «*eine Schar Revolutionäre in Khartoum eingedrungen war; sie hatte jedes Ding verwüstet und alle Sklaven entwandt.*

*Wenn ich dort geblieben wäre*, bespricht Bakhita, *wäre auch ich gewiß geraubt worden. Was wäre mir geschehen?*» (Ms. 23).

April 1885. Ankunft in Genua.

Wird Bakhita mit dem Konsul, ihrem Schützer, gehen?

Nein. Nicht mit ihm nach Padua, sondern mit den Herren Augusto und Turina Michieli, nach Mirano Veneto.

Denn «der Herr festigt die Schritte des Menschen, er hat Gefallen an seinem Weg» (*Ps* 37, 23).

«Auf Lebenszeit untergebracht», denkt die neue Herrin.

In der Tat beginnt Bakhita an den Ereignissen des Hauses Michieli Anteil zu nehmen, auch wenn sie ihren Stand der Dienstmädchen beibehält.

Noch eine Hin- und Rückreise aus Afrika, dann war alles ruhig für zwei Jahre. Bis Frau Michieli wieder abreisen muß.

Wo werden Bakhita und Mimmina bleiben?

Der Vorschlag ist undenkbar: bei dem Catechumeninstitut.

Seltsamer Platz für die neuen Gäste: «*Mimmina war schon getauft worden; also aus welchem Grund sollte man dieses Haus wählen?*», fragte sich Bakhita selbst (Ms. 25). Und sie konnte darauf nicht antworten.

«Das Geheimnis Gottes begann, sich zu erfüllen» (vgl. *Ap* 10, 7).

Sichtliches Werkzeug war in dieser Zeit der Verwalter der Familie Michieli, Illuminato Checchini, der alles vorgeschlagen, versichert und verwirklicht hatte.

Bakhita ist schon «auf ihrem Weg, ohne ihn nach rechts oder nach links zu verlassen» (*Dtn* 2, 27).

Aus eigener Initiative fragt sie, über den katholischen Glauben belehrt zu werden.

«*Ich kannte so jenen Gott, den ich von der Kindheit auf im Herzen fühlte, ohne zu wissen, wer er wäre*» (Ms. 26).

«Als ich Italien nennen hörte, deren Schönheit und Zauber ich nicht kannte, kam mir ein sehr lebhafter Wunsch, dort zu fahren» BAKHITA (Rom, St. Peterskirche).

Unglaublich aber wahr: Bakhita war im Begriff, Gottes Tochter in der heiligen Taufe zu werden.

Schreit alles in ihren leidenschaftlichen Wünschen nach?

Plötzlich ein Hindernis.

Frau Michieli kommt aus Italien zurück, um Mimmina und Bakhita mitzunehmen und sofort nach Afrika wieder abzureisen, wo sie schon eine sichere Arbeitsstelle hat.

Diesmal beherrscht Bakhita die Szene in einer nie vermuteten Rolle.

«*Ich kann nicht nach Afrika zurückkehren. Ich könnte dort meinen Glauben an Gott nicht bekennen. Ich bin Frau Turina dankbar und liebe sehr ihr Mädchen. Aber ich will nicht Gott verlieren*» (Ms. 27).

Harter Streit folgte darauf für mehrere Tage.

«Aber der Herr war ihre Kraft» (vgl. *Ps* 28, 7).

Und, da sie stark war, hielt sie allen Vorwürfen, Drohungen und Schmeichelworten stand.

«*Ich verabschiedete mich, weinend. Ich war zufrieden, denn ich hatte nicht nachgegeben*» (Ms. 29).

Dies geschah am 29. November 1889.

Am 9. Januar 1890 erhält sie die Taufe «*mit einer Freude, die nur die Engel beschreiben können*» (Ms. 29).

Josephine fragt und erreicht, unter den Barmherzigen Töchtern angenommen zu werden, wo sie dem Weg der Seligpreisungen der Bergpredigt bis ihrem *dies natalis*, am 8. Februar 1947, treu und beständig folgen wird.

Angesichts des Geistes hatte diese «unter tausenden Ausgewählten» (*Dtn* 18, 5) den geheimen Beschluß des Vorhabens Gottes recht verstanden, und auch wie «der Herr alles für seinen Zweck erschaffen hatte» (*Spr* 16, 4).

In einem Jungentreffen fragte ein Student M. Josephine Bakhita: «Was würden Sie machen, wenn Sie Ihren Räubern begegnen würden?».

Ohne einen Augenblick zu zögern antwortete sie: «*Als ich jenen Sklavenhändlern begegnete, die mich geraubt haben, und auch jenen, die mich gefoltert haben, kniete ich mich nieder und küßte ihre Hände; denn, wäre das nicht geschehen, so wäre ich jetzt keine Christin und keine Ordensschwester geworden*» (Sum. 16, 37).

Fehlte noch etwas am Meisterwerk der göttlichen Vorsehung?

Das wurde gegeben. Und mit großzügiger Freigebigkeit.

Am 17. Mai 1992 rief Papst Johannes Paul II. den Priester José María Escrivá de Balaguer und Schw. Josephine Bakhita als selig aus.

Welche Zusammenstellung: ein Monsignore, Marchese, Gründer eines ausgedehnten und weltbekannten Werkes; und eine Schwester, Exsklavin, gekauft, verkauft, und wieder verkauft, der Welt unbekannt, aus dem Nichts gekommen.

Der Zweck?

Denn es waren Dreihunderttausende auf dem St. Peterplatz, die *sine verbo* Botschaft der kleinen, demütigen Bakhita anzunehmen:

Seht also wie geheimisvoll die Wege Gottes sind und «wie groß sein Erbarmen ist» (*Sir* 17, 29).

10. Februar 1993. Eine andere Überraschung.

Papst Johannes Paul II. befindet sich in Afrika für seine zehnte päpstliche Wallfahrt.

Er will sie nach seinem Stil abschließen: mit Gefahr und Mut; mit Mitleid und starken Ausrufen zur Verteidigung derer, die keine Stimme haben; mit ergriffener Verwunderung für alle, die im Glauben beharrlich sind.

Endlich will er mit allen feiern: denn heute, am 10. Februar 1993, *ist Bakhita heimgekehrt*, in den Sudan!

Dank der Mutter General der Kanossianischen Schwestern - M. Elide Testa - wurde dem Papst eine Bronzebüste mit Reliquienschein der Seligen Bakhita für die Kathedrale Khartoums abgegeben.

Im unermeßlichen Green Square der Hauptstadt, zusammen mit dem Papst Johannes Paul II. und dem Erzbischof Gabriel Zubeir Waco, vereinte sich eine Million jubelnder Sudaner Stimmen und Herzen, um auszurufen:

«Willkommen zu Hause, Bakhita!».

## Bakhita wird im Sudan geehrt

«War es nicht ein erfrischender Augenblick der Erneuerung - von Christus, dem Guten Hirten, der gesamten katholischen Gemeinde im Sudan dargeboten -, als auf dem Petersplatz in Rom Josephine Bakhita unter die Seligen der Kirche aufgenommen wurde? Sie wurde auf diese Weise für die Christen zum Vorbild der Tugend und der Heiligkeit des Lebens. Zu den Glaubenden überall spricht sie vom Wert der Versöhnung und der Liebe, hat sie doch in ihrem Herzen alle Gefühle des Hasses gegenüber jenen, die ihr Böses getan hatten, besiegt. Sie lernte aus den tragischen Ereignissen ihres Lebens das volle Vertraue auf den Allmächtigen, der immer und überall gegenwärtig ist, sowie die Güte und Hochherzigkeit allen Menschen gegenüber (vgl. *Audienz anläßlich der Seligsprechung*, 18.5.1992). Ihre Seligsprechung war Ausdruck der Achtung nicht nur für sie, sondern auch für den Sudan, da eine Tochter dieses Landes als heroisches Vorbild des Erbarmens und der Güte vorgestellt wurde.

Heute danke ich der göttlichen Vorsehung, die es mir erlaubt hat, den Wunsch der Kirche im Sudan - die Verehrung Bakhitas in ihrer Heimat - zu erfüllen, einen Wunsch, der am Tag ihrer Seligsprechung geäußert worden war.

Inmitten so vieler Schwierigkeiten ist die selige Bakhita euer Vorbild und eure himmlischen Patronin. In den harten Prüfungen ihres Lebens hörte sie stets auf das Wort Christi. Sie lernte das Geheimnis seines Kreuzes und seiner Auferstehung: die rottende Wahrheit über Gott, der jeden von uns so sehr geliebt hat, das er seinen einzigen Sohn hingab (vgl. *Joh* 3, 16), die rettende Wahrheit über den Sohn, der jeden von uns bis zum Ende liebt (vgl. *Joh* 13, 1).

Die Macht Gottes war es, die Bakhita - ähnlich wie Christus - zu einem Menschen machte, der viele bereicherte. Das arme Sklavenmädchen, das nichts sein Eigen nannte, zeigte, das es in Wirklichkeit die größten Schätze besaß (vgl. *2 Kor* 6, 10). Selbst als es, menschlich gesprochen, zum Tod verurteilt schien, lebte es! (vgl. *2 Kor* 6, 9). Bakhita lebte, ebenso wie Christus lebt, obwohl er zum Tod verurteilt und gekreuzigt wurde. Sie lebt aus seinem Leben!

In ihrem neuen Leben in Christus kehrt diese unsere Schwester heute nach Afrika zurück. Diese Tochter der christlichen Gemeinde im Sudan kehrt heute zu euch zurück. Auch ihr seid vielen Prüfungen ausgesetzt, dennoch ist das Leben euer Erbe, jenen Leben, das der auferstandene Christus allen geschenkt hat.

Juble, ganz Afrika! Bakhita ist zu dir zurückgekehrt: die Tochter des Sudans, die als Sklavin, als lebendige Handelsware verkauft wurde, ist dennoch frei. Frei in der Freiheit der Heiligen. Die sel. Josephine kehrt zu euch zurück mit der Botschaft des unendlichen Erbarmens Gottes, des Vaters.

Deshalb rufen wir voll Vertrauen: "Der Herr ist meine Kraft und mein Schild, mein Herz vertraut ihm... Da jubelt mein Herz, ich will ihm danken, mit meinem Lied" (*Ps* 28, 7). Amen.

*Johannes Paul II*

*Predigt bei der Messe zu Ehren der sel. Josephine Bakhita in Khartoum am 10. Februar 1993. Auszug aus der Homilie*

Wir berichten hintereinander von einigen aus dem Manuskript übergenommenen Zitaten, und von einigen Unterhaltungen, mit der lebhaften Stimme Bakhitas wiedergegeben. Diese Ausdrücke, voll von echten *sapientia cordis*, sind absichtlich kurz, damit jeder sie nach eigenem Geschmack auswählen und im Herzen bewahren könne, was von der spontanen Einfachkeit aus dem Herzen Bakhitas ausgeht.

«*Jedesmal als ich die Sonne, den Mond und die Sterne, die Schönheiten der Natur sah, sagte ich mir: "Wer mag wohl der Herr all dieser Dinge sein?". Und ich empfand eine große Lust, ihn zu sehen, ihn zu kennen, ihn zu huldigen*» (Ms. 26).

«*Der Herr ist immer mit mir sehr gut gewesen, mein ganzes Leben hindurch*» (Sum. 308, 724).

«*Auch wenn ich das ganze Leben kniefällig wäre, würde ich nie aufhören dem guten Gott all meine Dankbarkeit auszusprechen*» (Documenta, 399).

«*Wie glücklich seid ihr, die ihr in einem katholischen Land geboren seid. Ich bin hier spät angekommen. Seid dem Herren und der Jungfrau dafür dankbar*» (ib., 89, 75).

Wenn sie gefragt wurde, ihre Geschichte zu erzählen, begann sie mit diesen Worten:

*«Alles um den Ruhm Gottes, um die Macht Gottes, der mich zur Rettung führte, zu verherrlichen»* (ib., 45, 89).

*«Oh mein Herr, könnte ich dort unten bei meinem Volk fliegen, und allen deine Güte mit lauter Stimme predigen: oh, wieviele Seelen könnte ich für dich gewinnen. Bewirke, oh Jesus, daß alle Afrikanischen Brüder dich kennen und lieben»* (Spontanes Gebet, 8-12-1896).

*«Ich gebe dem Herren alles, Er wird an mich denken: er ist dazu verpflichtet»* (ib., 42, 81).

*«Wenn wir in dieser Welt unsere Hoffnungen nicht auf den Herren setzten, was würden wir bloß machen?»* (ib., 41).

*«Ich bin zufrieden, Christin zu sein, wegen Gottes Barmherzigkeit»* (ib., 186, 412).

*«Denken Sie, daß es leicht sei, den Herren zufriedenzustellen? Aber ich mache alles, was mir möglich ist: Er macht das übrige»* (ib. 238, 540).

*«Im Willen Gottes liegt der große Friede»* (ib., 238, 540).

*«Der Herr hat mich geliebt; man soll alle lieben, man soll Mitleid haben»* (ib., 203, 455).

*«Als Sklaven mußten wir notgedrungen gehorchen, sonst erhielten wir Peitschenhiebe, und wieviele! Jetzt gehorchen wir mit Zufriedenheit»* (ib., 132, 268).

*«Gesund oder leidend soll man mit froher Seele gehorchen»* (ib., 131, 208).

M. Josephine sagte einer Novizin, die wieder in ihre Provinz geschickt wurde, denn sie war bei sehr schwacher Gesundheit, um in die Missionen zu gehen:

«*Nur Mut! Wir werden beide heilig sein und Missionarinnen von hier werden und werden viele Seelen retten*».

Sie sagte mehrmals: «*Wenn unsere Afrikaner von dem Herren und der Jungfrau hören würden, würden sie sich alle bekehren und wären sehr gut*» (Sum. 36, 69).

«*Aus Gerechtigkeitsgefühl sollen die Reiche den Armen geben*» (ib.).

Als sie von Venedig nach Schio versetzt wurde, erklärte sie: «*Wir sind immer im Haus Gottes*» (ib. 692).

Ein Bischof fragte M. Josephine, die im Rollstuhl saß, was sie mache: «*Was Sie auch machen: dem Willen Gottes gehörchen*» (ib., 649).

Eine Schwester flößte ein, daß sie als Sklavin reagieren mußte, wenn sie von Herren zu Herren verkauft wurde. Sie widersprach: «*Ich hatte nur einen Herren*» (Sum. 49, 97).

Sie wurde gefragt: «Hegen Sie keinen Groll denjenigen gegenüber, die sie so viel leiden ließen?». Lächelnd antwortete sie: «*Ich bete viel für sie, damit der Herr, der so gut und edelmütig mit mir ist, es ebensoviel mit ihnen sei, um sie alle zu bekehren und sie zu retten*» (Doc. 414).

«Jedoch - wandte eine Schwester ein - waren diese Sklavenhändler recht böse». Bakhita legte einen Finger auf die Lippen und: «*Still!* - flüsterte sie - *sie waren nicht böse, die Armen; sie kannten nicht den guten Gott, oder vielleicht wußten sie nicht, mir so viel Schlechtes anzutun: sie waren die Herren, ich war nur ihre Sklavin*» (Sum. 16, 89-90).

Ein Junge fragte sie: «Was würden Sie machen, wenn sie Ihren Räubern begegneten?». Ohne einen Augenblick zu Zögern antwortete sie:

«*Wenn ich jenen Sklavenhändlern begegnete, die mich geraubt haben, und auch jenen, die mich gefoltert haben, würde ich auf die Knie fallen, um ihre Hände zu küssen; denn, würde das nicht geschehen, so wäre ich jetzt keine Christin und keine Ordensschwester geworden*» (Sum. 16, 37).

Sie hegte eine tiefe Liebe zu ihren Eltern, ihren Brüdern und ihren Schwestern. Wieviele Male erinnerte sie sich an «*die arme Schwester Sklavin. Ich habe jedoch ein lebhaftes Vertrauen, sie im Paradies wieder zu umarmen, denn ich hoffe, daß, wenn der Herr es mir gewährt, sie auch Christin werde: das ist das Ideal, das mein Leben verschönert. Oh ja, Jesus, erfüll meinen Wunsch!*» (Ms. 10).

Sie sagte den Schwestern, die gingen, den Katechismus zu lehren: «*Ihr, meine Schwestern, geht und lehrt den Katechismus; ich, meinerseits, werde in der Kirche stehen, um zu beten, daß Ihr es gut macht*» (Sum. 127, 253).

Als sie gefragt wurde, ihre Geschichte zu erzählen, ging sie auf die Frage mit diesen Worten ein: «*Der Herr hat mich geliebt*» (Sum. 171, 430).

Was die über sie erzählten Nachrichten betrifft, als sie gefragt wurde, ob das der Wahrheit entsprach, antwortete sie: «*Was die Wahrheit betrifft, ist es ehr weniger als mehr; denn nur der Herr hat viele wahre Dinge gesehen und man kann sie weder sagen noch schreiben*» (Doc. 403).

Sie hatte ein sehr lebhaftes Gefühl, Seelen zu Christus zu bringen: «*Ich möchte fliegen, um zu allen zu gelangen, und sie im Glauben zu erleuchten; denn es gibt wenige Missionare, und Afrika ist groß*» (ib., 108, 221).

«*Als Sklavin bin ich nie verzweifelt, denn ich fühlte eine geheimnisvolle Kraft in meinem Innern, die mir beistand*» (Sum. 140, 290).

«*Wenn ich den Herren gekannt hätte, wie wenig hätte ich gelitten!*» (ib.).

«*Die von der Krankheit verursachten Leiden sind verdienstlicher, als jede andere freiwillige Abtötung*» (ib., 49, 98).

«*Wir werden nie so viel als Jesus und Seine Mutter leiden*» (ib., 49, 98).

«*Jetzt, ist meine Aufgabe da: allen durch mein Gebet zu helfen*» (Doc. 377).

«*Wenn der Herr ruft, gehen wir. Mache er, der Herr, was er wolle, weder eine Stunde vorher, noch eine Stunde nachher. Ja, ja, es ist schön den Willen Gottes zu gehorchen*» (Sum. 41, 42, 81).

«*Ich hatte das Glück, den Tag der Unbefleckten Empfängnis ins Kloster einzutreten. Heute ist es Samstag.*

*Ich beende mein Leben noch mit der Jungfrau. Oh, die Jungfrau hat mich so viel geliebt*» (Doc. 376).

«*Wenn der Herr es mir erlaubt, werde ich viele Gnaden für die Rettung der Seelen aus dem Paradies senden*» (Sum. 203, 454).

## Chronologische Ansicht des Lebens von M. Josephine Bakhita

*Da ist was Gott vor Jahrhunderten für seinen Ruhm vorherbestimmt hatte* (*1 Cor* 7).

| | |
|---|---|
| 1869 ca. | Sie ist im Darfurgebiet, Westlichem Sudan, geboren. |
| 1878 ca. | Sie wird von arabischen Sklavenhändlern geraubt. Von einem Sklavenhalter verkauft, flieht sie von ihm. Gefangengenommen, wird sie "einem sehr reichen Mann" verkauft; dann wieder verkauft, wird sie von einem General der türkischen Armee gekauft (*Summarium*, 265, 614). |
| 1882 | Sie reist von El Obeid mit dem General nach Khartoum ab. |
| 1883 | Sie wird vom italienischen Konsularagent in Khartoum, Callisto Legnani, gekauft und befreit. |
| 1884 | Dezember: sie reist mit Herren Legnani nach Italien ab. |
| 1885 | Ankunft in Genua, Italien, und wird an Frau Turina Michieli abgetreten (*ibid.*, 92, 93). |
| 1889 | Am 29. November weigert sie sich, nach Afrika zurückzukehren. Vom Staatsanwalt des Königs in Venedig offiziell frei erklärt, bleibt sie im Katechumenat, von den Kanossianischen Schwestern geleitet (*ib.*, 234, 532). |

1890 Am 9. Januar empfängt sie die Sakramente der Taufe, der Firmung und der Kommunion vom Kardinal Domenico Agostini, in Venedig (ib., 74, 159).

1893 Am 7. Dezember tritt sie ins Noviziat der Barmherzigen Töchter ein, ins Katechumenathaus (ib., 9, 201).

1896 Am 8. Dezember, Fest der Unbefleckten Empfängnis, legt sie das einfache Gelübde in Verona ab; M. Anna Previtali sitzt die Zeremonie vor (ib., 98, 201).

1902 Sie wird nach Schio (Vicenza), in die Fusinatostraße 51, versetzt.

1910 Schio. M. Josephine erzählt ihre Geschichte.

1927 Am 10. August legt sie das feierliche Gelübde in Venedig ab (ib., 319-320).

1936 Sie wird nach Vimercate (Mailand) in das Kanossianische Noviziat für die Ausländischen Missionen versetzt; zwei Jahre lang besucht sie die Häuser der italienischen Provinzen für eine missionarische Belebung.

1947 Am 8. Februar, im Kanossianischen Institut der Fusinatostraße, Schio, endet ihr irdisches Leben (ib., 257, 593).

1955 Die Kirche eröffnet das Informative Gewöhnliche Verfahren in Vicenza; es folgt dann das Apostolische Verfahren von Vicenza.

1969 Vom 25. bis zum 29. September findet die Leichenausgrabung der Schwester Gottes statt und die Verlegung vom Friedhof von Schio zum Institut der Barmherzigen Töchter, in die Fusinatostraße 51 (s. Josephina Bakhita, *Volumen Unicum*, 1970, pp. 256-259).

1978 Am 1. Januar ruft Johannes Paul II. das Heldenhaftigkeitsdekret der Tugend der Schwester Gottes Josephine Bakhita aus.

1991 Am 6. Juli ruft Johannes Paul II. das Seligsprechungsdekret von Josephine Bakhita aus.

1992 Am 17. Mai wird Josephine Bakhita von Johannes Paul II. selig gesprochen.

1993 Am 10. Februar, in Khartoum, heißt Johannes Paul II. Bakhita "Willkommen zu Hause", zusammen mit dem Erzbischof Gabriel Zubeir Waco, mit vielen Bischöfen und zahlreichen Menschen auf dem Green Square der Hauptstadt.

# VERZEICHNIS

## DRITTER TEIL




Tipografia Città Nuova della P.A.M.O.M. - Luglio 1997
00165 Roma - L. Cristina di Svezia, 17 - Tel. 5813475/82